AF498107

Hedwig Dohm

Lustspiele: Ein Schuss ins Schwarze + Vom Stamm der Asra + Die Ritter vom Goldenen Kalb

e-artnow 2018

Richard Wagner
Tannhäuser

Wolfgang Amadeus Mozart, Emanuel Schikaneder
Die Zauberflöte - Die beliebtesten Opern

Johann Wolfgang von Goethe
Gesammelte Werke: Dramen, Gedichte, Romane, Novellen, Essays, Autobiografische Schriften (Über 1000 Titel in einem Buch): Biografien ... + Elegien + Xenien + Sonette und viel mehr

Heinrich von Kleist
Der zerbrochene Krug (Klassiker der Weltliteratur): Mit biografischen Aufzeichnungen von Stefan Zweig und Rudolf Genée

Karl Kraus
Die letzten Tage der MenschheitTragödie in 5 Akten mit Vorspiel und Epilog

Friedrich Schiller
Gesammelte Werke: Dramen, Gedichte, Erzählungen, Theoretische Schriften und Historiografische Werke (Über 300 Titel in Einem Buch): ... Geschichte des dreißigjährigen Kriegs..)

Achim von Arnim
Die Gleichen

Gotthold Ephraim Lessing
Gesammelte Werke: Dramen + Fabeln + Erzählungen + Gedichte + Philosophische Schriften (285 Titel in einem Buch): Nathan der Weise ... Hamburgische Dramaturgie + Der Freigeist...

Carl Sternheim
Gesammelte Werke: Bühnenwerke + Erzählungen + Romane (30 Titel in einem Buch): Gesammelte Werke: Bühnenwerke + Erzählungen + Romane ... in einem Buch)

Friedrich Schiller
Wilhelm Tell

Hedwig Dohm

Lustspiele: Ein Schuss ins Schwarze + Vom Stamm der Asra + Die Ritter vom Goldenen Kalb

Drei Komödien der Autorin von "Schicksale einer Seele", "Werde, die Du bist" und "Christa Ruland"

e-artnow, 2018
Kontakt: info@e-artnow.org
ISBN 978-80-273-1933-6

Inhaltsverzeichnis

Die Ritter vom Goldenen Kalb

Personen

Besetzung am Königl. Hoftheater in Berlin

Hildegard von Eichstädt: Frl. Keßler
   Ilse Müller, ihre Gesellschafterin: Frl. Abich
   Herbert von Buch, Gutsbesitzer: Herr Liedke
   Baron Friedrich von Werlitz, Diplomat: Herr Vollmer
   Victor Taschenberg, Referendar: Herr Fink
   Graf Xaver Nicolowitsch: Herr Dehnicke

Ort der Handlung: Wiesbaden

Decoration: Eleganter Salon im Kurhause. Eine Thür nach dem Garten zu steht offen. Bücher und Zeitungen liegen auf den Tischen herum. Auf einem der Tische steht ein Vase mit Blumen

1. Auftritt

Herbert von Buch *(sitzt rechts auf einem Lehnstuhl und liest Zeitungen. Die Thür eines Nebenzimmers links öffnet sich und* **Victor Taschenberg** *mit einem Rosenbouquet in der Hand tritt ein. Er sieht sich nach allen Seiten hin um.)*

Herbert Sie suchen die Baronin?

Victor Ja. Warum geht die Sonne heut so spät auf?

Herbert Frühstückspartie nach der Platte, man wird vor dem Diner nicht zurücksein. Stellen Sie nur die Rosen da ins Wasser, dann bleiben sie frisch.

Victor Meinen Sie? Gut, ich werde sie in's Wasser stellen. Sagt doch schon der Dichter: "So stellt sie in ein Wasserglas." Ich bitte Sie aber, nicht daran zu riechen, nicht die Rosen allein, auch ihr Duft ist meiner Göttin geweiht. *Ab durch die Mitte.*

Herbert *nach der Uhr sehend* Eine Verspätung um eine halbe Stunde. *Geht an die Gartentür und sieht hinaus.* Nichts zu sehen. Ich hasse Unpünktlichkeit.

Graf Xaver erscheint auf der Schwelle des Nebenzimmers rechts, ebenfalls mit einem Bouquet.

Herbert. Xaver.

Xaver *(sich umsehend)* Keine Baroneß? Wo ist Baroneß? Wo in Teufel seinen Namen steckt Baroneß?

Herbert Nimmt ihr Frühstück heut in der Försterei ein, kaum eine Stunde Wegs von hier.

Xaver Kaum? Danke. Diabolisches Einfall. Hitze, Staub – transpiriren gern? ich nicht.

Herbert Ist nichts zu machen.

Xaver Ist zu machen. Bouquet kosten mich dreißig Frank. Was ist Kennzeichen von die wahre Liebe? – Kostspieligkeit von die Geschenke. Aber Zeiten sind theuer. Werde dreißig Frank bei polnischem Engel, bei Fräulein Wanda anlegen. – Wollen Billard mit mir spielen, Sie?

Herbert Ich danke. *Xaver nach rechts ab.* Ein recht reinliches Geschäft treibe ich hier. *Hildegard tritt durch die Gartenthüre ein, sie hält ein Körbchen mit einer Stickerei in der Hand.*

3. Auftritt

Hildegard. Herbert.

Hildegard *kurz und hochfahrend.* Guten Morgen. Niemand hier?

Herbert *ihre Begrüßung ebenso erwidernd.* Guten Morgen. Niemand hier.
Er liest weiter, Hildegard nimmt ihre Stickerei vor. Kurze Pause.

Hildegard Graf Xaver nicht nach mir gefragt? *Herbert giebt sich den Anschein, die Frage nicht zu hören, sie wiederholt sie lauter.* Ich frage, ob Graf Xaver hier war?

Herbert *kurz* Nein. *Kurze Pause.*

Hildegard Ob die Partie heut zu Stande kommen wird?

Herbert Zwischen wem?

Hildegard Nach der Platte meine ich.

Herbert Kann sein, kann aber auch nicht sein.
Hildegard geht an einen anderen Tisch; sie verrät Verdruß und Ungeduld in ihren Bewegungen.

Hildegard Unausstehlich.

Herbert Was?

Hildegard Wer – wollen Sie wohl fragen.
Xaver tritt wieder von rechts ein, das Bouquet noch in der Hand haltend.

4. Auftritt

Vorige. Xaver.

Xaver *einen Augenblick in der Thür stehenbleibend* Habe mich nicht getäuscht. Eben will Kugel von Billard einen Stoß geben, da fällt mein Blick auf Garten und erblicke wen? Engel von Baroneß. *Zu Herbert.* Warum sagen Sie denn, daß Baroneß Frühstück in der Försterei einnehmen?

Hildegard Wie, Xaver Nicolowitsch, Sie stehen jetzt schon am hellen Vormittag auf? Es giebt keine Cavaliere mehr. Zu welcher Tageszeit ist man jetzt noch, nach diesen neuen Arrangements, vor Ihnen sicher?

Xaver Immer Scherz auf Lippe. Diese Blumen wollen zu Ihren Füßen sterben wie ich – wenn nicht im Herzen Ihriges wohnen kann.

Hildegard Mein Herz ist kein Asyl für obdachlose Gefühle.

Herbert Wenn Sie sibirische Gegenden lieben, hätten Sie es in Rußland bequemer gehabt.

Xaver Immer Scherz auf Lippe. Wenn so grausam bleiben, mache Striche unter Leben, puste aus Lebenslicht.

Hildegard Los weil ich Strich durch Rechnung mache – das wäre zu hart. Apropos, sie sprachen von der Försterei. Ich habe gestern dort köstliche Erdbeeren gegessen. Ich will mehr davon haben. Holen Sie mir, Graf Xaver, ein Körbchen voll dieser Erdbeeren.

Xaver Sowie Sonne hinter Horizont ist.

Hildegard Wie, Sie sind noch hier? und ich habe einen Wunsch ausgesprochen? Was soll das heißen?

Herbert Holen Sie das Körbchen mit Erdbeeren oder Sie erhalten einen Korb ohne Erdbeeren.

Hildegard *zu Herbert.* Mischen Sie sich nicht immer in die interessantesten Unterhaltungen.

Xaver Wirklich – ich muß?

Hildegard Sie müssen. Ich gebe Ihnen drei Stunden Zeit. Vor Ablauf dieser drei Stunden brauche ich die Erdbeeren nicht, will sie nicht. Adieu, Xaver Nicolowitsch,

Xaver mit verzweifelter Miene ab.

5. Auftritt

Hildegard. Herbert.

Herbert Was hat Ihnen dieses hirnlose Hampelmännchen gethan, daß Sie es zum Sonnenstich verurteilen?

Hildegard Es macht mir Spaß.

Herbert Ach so.

Hildegard Meine Gesellschafterin ist heut auf den unglücklichen Einfall gekommen, eine Frühpromenade zu machen. Es ist zu heiß, um draußen spaziren zu gehen. Unterhalten Sie mich. Die anspruchsloseste Unterhaltung ist immer noch besser als Langeweile, und ich langweile mich hier – zum Sterben. *Sie gähnt.*

Herbert *Gähnt ebenfalls.* Ach so – ich auch.

Hildegard Wie können Sie sich erlauben, in Gegenwart einer Dame zu gähnen?

Herbert Verzeihen Sie. Wenn Sie sich hier langweilen, warum sind Sie nach Wiesbaden gekommen?

Hildegard Ich habe es Ihnen ja schon gesagt – um mich zu verheirathen.

Herbert Und anderswo hatten Sie keine Gelegenheit dazu?

Hildegard Nein, denn es ist mir nicht gelungen in zehn Jahren – ja – in zehn Jahren – – warum wundern Sie sich nicht?

Herbert Kein Grund.

Hildegard Ich bin 25 Jahre alt. Sie wundern sich noch nicht?

Herbert Doch – ein wenig. Ich hörte aus glaubwürdiger Quelle, daß Sie bereits am Rande des siebenundzwanzigsten –

Hildegard *ihn unterbrechend* Als ob es überhaupt glaubwürdige Quellen gäbe.

Herbert Also, Sie wollten sagen, in zehn Jahren sei es Ihnen nicht gelungen –

Hildegard Nicht gelungen, unter dem männlichen Personal der Schöpfung ein einziges Exemplar aufzutreiben, das sich nicht zu meinem Sklaven geschworen hätte, sobald es in Erfahrung brachte, daß ich ein reiches, unabhängiges, elternloses Mädchen sei. Da faßte ich eines Tages den kühnen Entschluß, allein mit meiner Gesellschafterin in die weite Welt zu wandern, um –

Herbert Um –

Hildegard Um einen Gatten zu suchen.

Herbert Und was sagte Ihr trefflicher Onkel dazu, den Sie auf Ihr Gut gelockt unter dem Versprechen, ihm Tochter zu sein?

Hildegard Er sträubte sich anfangs mit Händen und Füßen gegen meine romantische Brautfahrt.

Herbert Und dann?

Hildegard Fügte er sich.

Herbert Und dann?

Hildegard Bestimmte er mich, zunächst in sein Lieblingsbad Wiesbaden zu gehen.

Herbert Und dann empfahl er Sie an mich –

Hildegard Den er seinen jungen Freund nannte. Er meinte, daß Sie mir durch Ihre gesellschaftlichen Verbindungen jede wünschenswerthe Bekanntschaft verschaffen könnten.

Herbert Und er theilte Ihnen zugleich mit, daß Ihr Herz dabei keine Gefahr laufe, da das meinige bereits in Entreprise gegeben sei.

Hildegard Der gute alte Onkel. Ich nehme es ihm nicht übel. Er hält alle Männer für gefährlich. Sogar die.

Herbert Die –

Hildegard Unliebenswürdigen.
HerbertIch danke.

Hildegard Er pries mir Wiesbaden als einen Ort internationaler Menschenausstellung, wo mir die beiden Hemisphären hinreichendes Material für meine Wahlumtriebe – sein Ausdruck – liefern würde.

Herbert Sie sind jetzt seit sechs Wochen hier, warum haben Sie noch nicht gewählt?

Hildegard Warum nicht? Wen soll ich denn heirathen? Etwa den süddeutschen Diplomaten, der in den Mußestunden dichtet und sich für eine höchst glückliche Vereinigung von Talleyrand und Göthe hält? oder den gräflichen Husaren, der sich jeden Tag von Neuem in seine Uniform verleibt, und den Schnitt seiner Nägel und seiner Haare für universelle Angelegenheiten hält? oder den polnischen Schwärmer, der stets Ränder von Abgründen und die Spitzen der steilsten Berge für die geeignetsten Lokalitäten hält, um seinen Liebesgefühlen freien Lauf zu lassen, damit er bei seinen Selbstmordsdrohungen auch gleich den scenischen Apparat bei der Hand habe? oder den nordischen, an Größenwahn leidenden Dichter, der in der Lage ist, das ganze Universum für eine miserable Einrichtung halten zu müssen, da er nicht der Mittelpunkt dieses Etablissements ist? Sie selbst sind außer Frage. Bleibt höchstens noch der Baron Werlitz, und aufrichtig gesagt, der gefällt mir.

Herbert So?

Hildegard Er interessiert mich sehr.

Herbert So?

Hildegard Haben Sie etwas dagegen?

Herbert Nicht das Mindeste

Hildegard Das ist mir lieb. Indessen ich beherzige das Wort des Dichters: "es prüfe, wer sich ewig bindet." Ich will noch ein wenig prüfen. Was sagt die Badegesellschaft über ihn?

Herbert Nur Gutes.

Hildegard Wie? hat diese Gesellschaft einen Tugendanfall, daß sie gut von ihren Nebenmenschen spricht?

Herbert Nicht von allen spricht sie gut.

Hildegard Sie wollen damit andeuten, daß ich zu letzterer Kategorie gehöre.

Herbert Sie haben es errathen.

Hildegard Was sagt man über mich?

Herbert Ich würde, wenn ich spräche, Ihren Zorn auf mich laden.

Hildegard Sie sollen sprechen, ich will es.

Herbert Gut. Die Badegesellschaft sagt: *etwas schnell.* Sie wären launenhaft, hochfahrend, unduldsam, spottsüchtig, pretentiös, egoistisch, grausam, herzlos, unverständig, faul, herrschsüchtig, theilnamlos, engherzig, lieblos, neidisch, boshaft, schadenfroh und – *hält ein.*

Hildegard Und?

Herbert Geldstolz – – sagt die Badegesellschaft.

Hildegard Wie? Geldstolz? Mir dichtet man diese Eigenschaft absurder Parvenüs an? Alles andere möchte hingehen – aber geldstolz – ich geldstolz! die ich das Geld verachte? Ja, ich hasse es. Wie motiviert man diese unverschämte Behauptung?

Herbert Lassen sie mich schweigen.

Hildegard Sie sollen reden.

Herbert Ich gehorche. Geldstolz pflegt zu sein, wem bei einer Rundreise in seiner inneren Welt nichts aufstößt, auf das stolz zu sein sich verlohnte –

Hildegard *ihn unterbrechend.* Ich habe Sie nicht um Ihre Meinung gefragt, ich will wissen, warum die Anderen mich geldstolz nennen.

Herbert Gut. Sie hätten sich einen Thron gebaut, sagt die Badegesellschaft, aus achtkarätigem Golde, und hätten darauf Platz genommen, angethan mit einer souveränen Robe aus Paris, und unter dem Thron stünde in Perlenschrift –die Perlen wären echt – "Ihr sollt keine anderen Götter haben neben mir." Ergo: Sie treiben Selbstvergötterung auf Conto Ihres Geldes – sagt die Badegesellschaft.

Hildegard *heftig erregt.* Weiter

Herbert Sie haben als Kind viele kostbare Puppen in den Winkel geworfen, zerbrochen, gemißhandelt, und nun, da Sie – lange erwachsen sind, spielen Sie mit lebendigen Puppen und behandeln sie wie Ihre Puppen aus der Kinderzeit. Sind sie zerbrochen, abgenutzt, Sie können sich ja neue kaufen. Mitten in der schönen Civilisation treiben Sie Sklavenhandel. Sie malträtiren Ihre Nebenmenschen – auf Conto ihres Geldes – sagt die Badegesellschaft. Wären Sie arm, Sie würden gerade so höflich, liebenswürdig und geistreich sein wie unsereins. Wären Sie arm, Sie würden selbst einen Russen nicht braten lassen, weil sie frische Erdbeeren essen wollen. Wären Sie arm, Sie hätten sich längst rettungslos in mich verliebt.

Hildegard *ironisch.* Sagt die Badegesellschaft?

Herbert Sage ich diesmal. Auf Conto Ihres Geldes warten Sie auf einen Unsterblichen, einen Menschen über Lebensgröße, einen Napoleon der Liebe. Armes junges Mädchen, in Ihrem Arnheim haben Sie zugleich mit Ihrem Geld Ihr Herz verschlossen. Wer wird das Schloß sprengen? Sicher kein ehrlicher Mann.

Hildegard Kaum kann ich mich mäßigen, so empörend ist diese Ungerechtigkeit, so unerhört. Von Allem, was sie gesagt haben, ist nur wahr, daß ich ein Dutzend Männer – nein, nicht Männer, sondern Narren, Gecken, und feile Creaturen, schlecht behandle, nein, nicht schlecht, sondern wie sie es verdienen. Der Geldstolz, den Sie mir vorwerfen, ist nichts als ein Schleier, hinter dem ich meine tiefe Erniedrigung verberge.

Herbert Von Erniedrigung sprechen Sie, Sie, die man anbetet?

Hildegard Anbetet – ja – als goldenes Kalb.

Herbert Kalb? Das ist hart, sagen wir Lamm.

Hildegard Hildegard von Eichstädt ist nichts als ein Aushängeschild, höchstens eine Wünschelrute für das "Sesam öffne dich" dieser Ritter vom goldenen Kalb. Die Röthe der Scham steigt mir in's Gesicht, wenn ich an die schamvolle Rolle denke, die zu spielen ich verdammt bin, die Rolle einer Geld-Loreley, die nicht mit dem Klange ihrer Stimme, sondern ihres Goldes die sehnsuchtsvollen Schiffer lockt. Heut erklärt mir einer, daß er sterben muß, wenn ich ihn nicht erhöre. Ich weise ihn ab, aber unter Gewissensbissen, mein Herz ist krank vor Rührung. Acht Tage später lacht er mir am Arm einer Braut, an die er sich als an die Meistbietende losgeschlagen hat, in's Gesicht. Ich tanze heut Abend einen Galopp mit einem Cavalier, den ich zum ersten Mal sehe. Ich bin in schlechtester Laune, ich mißhandle ihn, ich bin dumm, affectiert, boshaft. Am nächsten Morgen erhalte ich einen Brief von ihm: der Zauber meines Verstandes und meines Wesens habe ihn hinweggerissen, und er könne nicht umhin, mir Herz und Hand anzubieten. Tadeln Sie mich, verhöhnen Sie mich, aber glauben Sie mir, ich habe Stunden, wo ich mit der ärmsten Näherin tauschen möchte, wo eine wilde Sehnsucht mich ergreift nach einem wahren Menschen, einem wahren Gefühl, wo ich dem Ersten, Besten um den Hals fallen möchte und ihm in die Seele rufen: Liebe mich! liebe mich! Es war eine *die Hand auf's Herz legend.* Und noch glühen Flammen hier. Ein Strahl des Glücks, der Liebe und – *einhaltend.*

Herbert Hildegard!

Hildegard Wie komme ich nur dazu, Ihnen, gerade Ihnen mein Herz zu öffnen? Sie sind wie die Übrigen, alle Männer sind gleich, und ich habe ein Recht, Allen zu mißtrauen.

Herbert Mißtrauen ist die Weisheit der Thoren. Indessen, Sie haben vielleicht Recht. Es ist wahr, Ihre Anbeter sind alle nicht viel werth. Es ist auch undenkbar, daß ein Mann von Ehre und Gesinnung sich jemals um Ihre Gunst bemühen sollte.

Hildegard Wie?

Herbert Ihnen fehlt der Instinkt des Herzens, Ihnen fehlt die Intelligenz, die Spreu vom Weizen zu sondern. Sie behandeln Alle, die sich Ihnen nahen, wie Beutelschneider. Es ist aber nicht Jedermanns Sache, sich als Beutelschneider behandeln zu lassen, und darum setzt sich Ihr Liebeshof aus Schwindlern, Abenteurern und Spekulanten zusammen. Weil ein paar Dutzend Motten, von dem Glanz Ihres Goldes angezogen, Sie umflattern, wären Sie im Stande, selbst den Adler, der die Sonne umkreist, für eine Motte zu halten.

Hildegard *nachdenklich.* Und kein Mann von Ehre, sagen Sie, könne mich lieben?

Herbert Lieben? vielleicht – um Sie werben, Sie heirathen – nein. Und wenn Sie schön wären wie Venus – *Hildegard hält das Taschentuch vor die Augen* regen Sie sich nicht auf, Sie sind es nicht – und wenn ich Sie liebte – Sie wissen, ich liebe Sie nicht – nie würden meine Lippen zu einem Geständnis sich öffnen, ich würde mein Geheimnis mit in's Grab nehmen. Eine Frau wie Sie, hochmüthig und mißtrauisch, müßte mir zuerst um den Hals fallen und mir sagen, daß sie mich maßlos liebt – – ich würde dann sehen, was sich thun läßt.

Hildegard Ihr Glück, daß Sie mich nicht lieben. Ah, da kommt ja unser guter Baron Werlitz.

Man sieht Werlitz durch den Garten kommen.

Herbert Werlitz? richtig. Ein schöner Mann, nicht wahr? Jetzt hoffe ich, bin ich der Pflicht Sie zu unterhalten, ledig.

Hildegard läßt, wie unabsichtlich, eine Schleife fallen, die an ihrem Kleid befestigt war. Herbert nimmt sie schnell auf und verbirgt sie unter seinem Rock. Als Hildegard sich umsieht, giebt er sich den Anschein der Gleichgültigkeit und geht, seine Zeitung lesend, in den Hintergrund, wo er während der folgenden Scene sitzen bleibt.

Hildegard läßt, wie unabsichtlich, eine Schleife fallen, die an ihrem Kleid befestigt war. Herbert nimmt sie schnell auf und verbirgt sie unter seinem Rock. Als Hildegard sich umsieht, giebt er sich den Anschein der Gleichgültigkeit und geht, seine Zeitung lesend, in den Hintergrund, wo er während der folgenden Scene sitzen bleibt.

Vorige. Werlitz

Hildegard Sie kommen heut spät, Herr von Werlitz?

Werlitz Haben Sie Dank für dieses Wort, meine aller-allergnädigste Baroneß.

Hildegard Ich bin heut wirklich gnädig. Sie treffen mich in allerbester Laune. Wundern Sie sich nur – ja, ich bin in mich gegangen, ich will auf meine alten Tage noch liebenswürdig werden; und von heut an glaube ich jedes Wort, das man zu mir spricht. Ich glaube, daß alle Männer gut, einfach und redlich sind und Sie, Baron, zumeist. Nun belohnen sie aber auch meine Tugend und erzählen Sie mir etwas Hübsches – Neues.

Werlitz Ich kann Ihnen heut mit einer Verlobung aufwarten.

Hildegard Wer mit wem?

Werlitz Graf Hochstedt mit Fräulein – Wanzke.

Hildegard Wie, Graf Hochstedt sagen Sie und Fräulein – Fräulein –

Werlitz Wanzke – Pardon, ich kann nichts dafür.

Hildegard Wie ging das zu?

Werlitz Das ging so zu: Der Graf hatte neuerdings nichts im Besitz als eine kolossale, unbezahlte Hotelrechnung. Seine Lage wurde peinlich. Da entschließt er sich kurz und bittet schriftlich einen Heiratsvermittler in Berlin – unter Beifügung der Kurliste von Wiesbaden – um seinen Rath. Die Antwort des Biedermanns macht ihn discret mit der Thatsache bekannt, daß seit einigen Tagen Fräulein Wanzke mit ihrem Vater, der zugleich Armee-Lieferant ist, in unseren Mauern weilt. Am Abend ist Ball, und während sechs Stunden liegt der Graf – die Schulden drücken ihn zu Boden – zu den Füßen oder vielmehr vor der Nase von Fräulein Wanzke und schwört auf Ehre, daß seine Seele in Brand stehe und bittet sie um den kleinen Feuerwehrdienst der Löschung dieses Seelenbrandes. Statt dessen fängt die Jungfrau sofort selber Feuer und soll noch an demselben Abend ihrem Vater rund heraus erklärt haben: dieser oder keiner. Zur Abschließung des Geschäfts geht der Graf am nächsten Vormittag zum Vater. Hochstedt, Sie wissen, er ist Kavallerie-Offizier, fordert eine jährliche Rente von 50,000 Mark. Der brave Soldatenernährer fällt auf den Rücken vor Schreck. Sein anderer Schwiegersohn – stammelt er am Rande des Schlagflusses – sei auch Offizier und ein Herr von und habe sich mit 20,000 Mark abfinden lassen. Wie der edle Graf jetzt aufbrauste und ihm den Unterschied zwischen einem Infantrie- und Kavallerie-Offizier klar machte, das soll großartig gewesen sein. Er bezeichnete es als ein ganz richtiges Verhältnis, daß er 50,000 haben müsse, wenn der Infantrist mit 20,000 auskäme, indem er den alten Herrn auf den Preisunterschied von einem Paar Lackstiefeln und einem Paar Reitpferden aufmerksam machte. Man einigte sich schließlich auf 40,000 Mark jährlich – exclusive die Schuldenzahlung, und Fräulein – (Er Schluckt die erste Silbe herunter.) –zke sinkt an die Kavallerie-Uniform ihres Grafen. Das ist die wahrheitsgetreue Geschichte dieser Verlobung.

Hildegard Empörend! abscheulich!

Werlitz Ich stimme in Ihren Ruf ein: abscheulich, empörend! Es ist mir unfaßlich, wie ein Mann – er müßte denn bis über die Ohren in Schulden stecken – sich lieblos ins Joch der Ehe schmiegen kann.

Hildegard Sie würden also niemals ein reiches Mädchen heirathen?

Werlitz Da sind Sie im Irrthum, gnädigste Baronin. Die reichen Mädchen haben mir nichts zu Leide gethan, warum sollte ich sie vor den Kopf stoßen? Im Gegentheil, ich würde lieber eine reiche, als eine arme Frau heirathen.

Hildegard Sie sind aufrichtig, mein Herr, fast zu aufrichtig.

Werlitz Mein Gott, es ist doch keine Tugend, ein armes Mädchen zu heirathen. Das kann jeder. Auch ich, wenn ich mich in ein armes Mädchen verliebte, ich würde mich entschließen, standesamtlich mit ihr vorzugehn. Aber wie gesagt, ich würde mich auch entschließen, einem reichen Mädchen meine Hand zu geben.

Hildegard Sie gestehen also, daß Sie eigennützig sind?

Werlitz Keineswegs. Ich für meine Person bin ein halber Diogenes. Etwas Sonnenschein und ein Faß –

Herbert *ihn unterbrechend.* Rüdesheimer

Werlitz Einzig und allein um der Frau willen, die ich liebe, in ihrem Interesse thäte es mir leid, wenn sie mittellos wäre. Wen schmerzte es nicht, einer geliebten Frau Entbehrungen zuzumuthen! Denken sie, theuerste Baronin, es könnte ein Tag kommen, wo ich meiner Gattin keine Equipage zur Verfügung stellen könnte, und sie müßte in eine Droschke steigen oder auf einer Badereise in einem Hotel zweiten Ranges logiren, oder wenn sie mit mir ausreiten wollte, einen Miethsgaul besteigen. Denken Sie sich, Baronin, Sie säßen auf einem Mietsgaul.

Herbert Oder denken Sie sich, Sie säßen auf gar keinem Gaul.

Werlitz *zu Herbert.* Müssen Sie immer dreinreden? *zu Hildegard.* Ich weiß im Voraus, für eine Frau, die ich liebte, würde ich mich in Schulden stürzen, ich würde mich total für sie ruiniren, was immerhin unangenehme Folgen für meine Carriere nach sich ziehen dürfte. Darum wünsche ich, daß sie Geld habe – für sich, nicht für mich.

Hildegard Und wenn man dennoch an Ihrer uneigennützigen Gesinnung zu zweifeln sich erlaubte? Man hat Beispiele von Menschen, bei denen Wort und Gesinnung sich nicht decken.

Werlitz Gnädigste Baronin, wo denken Sie hin? Ich könnte nur eine Frau lieben, die zugleich schön und klug ist. Und eine kluge Frau sollte nicht wissen, daß sie schön ist, sollte nicht wissen, daß sie mit dem Zauber ihrer Erscheinung, dem Glanz ihres Verstandes ein einfaches Männerherz wie das meine so bestricken kann, bestricken muß, daß er ihr Gefangener ist auf Leben und Tod? Männer, die solche Frauen lieben, Frauen, wie Sie z.B., für die giebt es nur eine Gefahr.

Hildegard Welche?

Werlitz Daß diese Frauen kein Herz haben.

Hildegard Frauen ohne Herz – ein guter Titel für eine Novelle. Im Leben glaube ich nicht an Frauen ohne Herz.

Werlitz *tritt näher zu ihr heran und spricht halblaut, um von Herbert nicht gehört zu werden.* So beweisen Sie, daß Sie Herz haben, schönste und klügste der Frauen, und lächeln Sie nicht, wenn ein anderes Herz, das sich nicht mehr bezwingen kann, sein Geheimniß verräth – und lassen Sie den Unglückseligen nicht glauben, daß er sich in eine Statue verleibt hat. *Herbert ist, ohne daß es bemerkt worden ist, in die Nähe der Sprechenden gerückt*

Hildegard Man hat Beispiele von Statuen, die lebendig wurden, wenn der Liebende nur das Zauberwort wußte.

Herbert Pygmalion und Galathea, Zauberposse in einem Akt. Wann findet die Aufführung statt?

Hildegard *steht ärgerlich auf.* Ich will meiner Gesellschafterin entgegen gehen. Ich erlaube Ihnen, Baron Werlitz, mich später in meiner Lieblingslaube – die schattige Epheulaube, Sie kennen sie – aufzusuchen. Die Luft ist dumpf hier in diesem Salon und dann – er ist für alle Welt, (ab.)

7. Auftritt

Herbert. Werlitz.

Werlitz *Hildegard nachsehend.* Sie ist wirklich reizend.

Herbert Haben Sie Aussichten?

Werlitz Die allerbesten, wenn ich mich auf Frauen verstehe.

Herbert Lieben Sie Fräulein von Eichstädt? Verzeihen Sie die indiscrete Frage, ein besonderes Interesse für Sie knüpft sich daran.

Werlitz Natürlich liebe ich sie.

Herbert Ich meine, mit einer – wirklichen Liebe?

Werlitz Ah, Sie meinen, mit einer sentimentalen Liebe, die langhaarig und altfränkisch, aus tiefliegenden Gefühlen stille Wonnen schöpft und sich von Hintergrund einer Mondscheinlandschaft abhebt? Die über Seufzer, Thränen und schlaflose Nächte verfügt, und im Wappen ein gebrochenes Herz trägt mit der Devise: Dich oder keine. Nein, an dieser Krankheit abnormer Seelenzellen habe ich nie gelitten. Das Zeitalter Darwins hat uns aufgeklärt. Diese perfide Thorheit – um nicht zu sagen Liebe – erscheint mir und allen denen, die ihre Früchte gern vom Baum des Lebens pflücken, höchstens noch zuweilen wie eine Fata Morgana, die einem längst verlassene Herzensgegenden vor die Sinne zaubert – auf einen Moment.

Herbert Sie lieben also Fräulein von Eichstädt nicht?

Werlitz Sie interpretiren falsch. Fräulein von Eichstädt gefällt mir außerordentlich. Sie würde mir ebenso gut gefallen, wenn sie gar kein Vermögen hätte, aber ich würde sie in diesem beklagenswerten Fall nicht heiraten.

Herbert *im Spott* Ob Ihre Gesinnung wohl ganz frei von Egoismus ist?

Werlitz Durchaus. Es giebt nicht allzu viel Menschen, die so uneigennützig denken wie ich. Die meisten jungen Leute in meiner Lage heirathen, was ihnen in den Weg läuft, wenn es seine Schulden bezahlt. Ich würde – wenigstens nach Präcedenzfällen in meinem Gemüthsleben zu schließen – dessen nicht fähig sein. *Herbert zuckt die Achseln* Sie zweifeln? ich will den Beweis der Wahrheit antreten. Ich habe einen vortrefflichen Vater, der mit einem anderen ebenso vortrefflichen als reichen Mann, den eine junge, mir unbekannte Dame Vater nennt, befreundet ist, und diese beiden Väter haben beschlossen, aus ihren beiden Kindern – ein Paar zu machen. Und dieses Mädchen – einzige Tochter – ich habe sie ausgeschlagen, oder vielmehr, ich werde sie ausschlagen.

Herbert Sie ist also defekt?

Werlitz Mein Vater, der Stamm, von dem ich, wenn ich mich mit einem Apfel vergleichen soll weit gefallen bin, lügt niemals, und er sagt, daß sie schön, jung und trefflichen Charakters sei.

Herbert Welche Gründe sonst machen Ihnen die Partie unannehmbar? Die Familie etwa?

Werlitz Die Familie allerdings, die ist von einer schreckenerregenden Correctheit. Ich glaube, die ganze Verwandtschaft würde bis ins vierte Glied in Thränen schwimmen, wenn ich in den Verdacht käme, die Gattentreue, und wäre es auch nur durch ein illegitim verschenkte Bouquet, verletzt zu haben. Erlaubte ich mir gar den Luxus einiger Schulden – mich träfe das vorwurfsvolle Auge einer Schwiegermutter, und, aufrichtig gesagt, ich habe eine heftige Antipathie gegen vorwurfsvolle Augen von Schwiegermüttern. Übrigens kann ich Ihnen noch heut, wenn es Sie interessiert, die Photographie der von mir Refüsierten zeigen. Der Brief, der das Bild enthält, ist schon hier, oder muß jeden Augenblick eintreffen. Es wäre vielleicht etwas für Sie.

Herbert Sie wissen ja, ich bin bereits engagiert. Auch werden Sie die Dame nicht refüsiren.

Werlitz Ich verstehe Sie nicht.

Herbert Bester Baron, wir kennen uns lange, sind immer gut Freund gewesen. Warum soll ich Ihnen ein Geheimniß daraus machen, wovon in wenig Stunden ganz Wiesbaden sprechen wird.

Werlitz Sie machen mich neugierig.

Herbert Fräulein von Eichstädt hat eine Reihe höchst trauriger Erfahrungen gemacht, welche sie völlig im Unklaren ließen, wie viele von den Cavalieren, die ihr Herz und Hand antrugen, es nur mit der Hand ehrlich meinten. Eines Tages beschloß sie, dieser unerfreulichen Situation ein Ende zu machen. Als alleinstehende Dame im jugendlichen Alter hatte sie sich natürlich mit einer Gesellschafterin behaftet, und für diesen Dienst ein unglückliches stolzes Geschöpf ausersehen, dessen Vater durch einen Bankerott von großem Reichthum plötzlich in Dürftigkeit gesunken war. Sie ahnen nun wohl schon, was folgt.

Werlitz Nicht im Mindesten.

Herbert Fräulein von Eichstädt überredete die stolze Gesellschafterin mit ihr zu tauschen.

Werlitz Wie?

Herbert Die Baronin steckt unter der Maske der Gesellschafterin, und das von Ihnen adorierte gnädigste Fräulein ist die Gesellschafterin.

Werlitz Sie träumen. Sie phantasiren. Undenkbar. Das ginge über die Grenzen eines erlaubten Scherzes. Sie verlangen nicht, daß ich einen solchen Unsinn glaube. Wer sagt es?

Herbert Ich weiß es aus einer durchaus zuverlässigen Quelle.

Werlitz Man kennt diese Quellen. Kurz und gut, ich lasse mich nicht täuschen. Ich glaube nicht an dieses Gerücht.

Herbert Das verlange ich auch gar nicht. Ich habe meine Pflicht gethan, heirathen Sie meinethalben die Gesellschafterin.

Werlitz Hätte sich Fräulein von Eichstädt eines solchen Betrugs schuldig gemacht, es wäre himmelschreiend! Die ganze Aristokratie von Wiesbaden zu täuschen. – Die kleine Begleiterin ist übrigens ganz reizend.

Herbert *an der Gartenthür.* Sie kommt eben durch den Park, hierher, wie es scheint. Soll ich Ihnen das Feld räumen?

Werlitz Bleiben Sie. Ich denke, ich bin Diplomat genug, um mit zwanzig Worten aus einem jungen Mädchen die Wahrheit herauszupressen. Es wird auch Sie interessiren.

Vorige. Ilse Müller

Ilse *sieht sich um.* Guten Morgen! Die Baronin ist nicht mehr hier? Ich bitte um Entschuldigung, wenn ich gestört habe. *Will gehen.*

Werlitz Eilen Sie nicht so schnell wieder fort, mein Fräulein.

Ilse Dann werde ich bleiben.

Werlitz Fräulein von Eichstädt hat sich nur auf einen Augenblick entfernt und läßt Sie bitten, hier im Salon auf sie zu warten. Auch möchten Sie die Güte haben, hier unter den Garnknäueln, die sich verwickelt haben, etwas Ordnung zu stiften. *Er giebt ihr das Körbchen mit der Stickerei.* Darf ich Ihnen helfen, Fräulein – habe ich doch Ihren Namen vergessen – Fräulein –

Ilse *etwas zögernd* Müller.

Werlitz *sie scharf fixirend* Sie heißen Müller? wirklich Müller?

Ilse *sehr verlegen* Sie zweifeln? Hat man Ihnen etwa gesagt – was man Ihnen auch sagen mag – glauben Sie nichts. Die Leute reden viel – es ist nicht wahr. *Sich zusammenraffend, mit entschiedenem Ton.* Warum sollte ich übrigens nicht Müller heißen? Es heißen viele Menschen Müller.

Werlitz Ich dachte mir gleich, daß es nicht wahr sein könne. Sie haben so treue, klare Augen, Sie sind keines Betrugs fähig, wie kämen Sie auch dazu?

Ilse *erschrocken.* Wie, Herr von Werlitz, einen Betrug nennen Sie es, wenn man seinen Namen wechselt? Und es könnten doch die reinsten Motive – es giebt wirklich Fälle – Sie wissen nicht, Herr Baron – ach, ich weiß nicht, was ich rede; Sie wollen mich in Verlegenheit setzen und – ich heiße doch Müller.

Werlitz *der mit Herbert Blicke des Einverständnisses gewechselt hat.* Ich habe nur gescherzt, Fräulein Ilse – darf ich Fräulein Ilse sagen? – *zu Herbert, leise.* Sie hatten recht, ich danke Ihnen.

Ilse Ich möchte jetzt doch lieber die Baronin aufsuchen.

Werlitz Gehen Sie nicht, liebes Fräulein Ilse. *Ilse läßt einige Knäule fallen* Da fallen auch schon wieder die Knäule, die müssen wir doch erst zur Raison bringen *Halblaut, um von Herbert nicht verstanden zu werden, nach dem er sich ab und zu scheu umsieht.* Seit Tagen, seit Wochen hoffe ich, ersehne ich den Augenblick, mit Ihnen allein sprechen zu dürfen, aber immer ist diese Eichstädt bei Ihnen.

Ilse Sie haben wirklich auf mich geachtet? Ist das wahr? Ich habe es nicht gemerkt.

Werlitz Seitdem Sie in Wiesbaden sind, habe ich nur Augen für Sie. *zu Herbert, leise.* Liebster Buch, thun Sie mir den Gefallen und verlassen Sie das lokal, oder ziehen Sie sich wenigstens zurück.

Herbert Sehr gern. *Er setzt sich in den Garten, hinter die Glastür, so daß er vom Publikum gesehen werden kann. Wenn die Gartendekoration nicht vorhanden ist, so setzt sich Herbert ganz im Hintergrund in einem Winkel und nimmt eine Zeitung zur Hand.*

Ilse Es ist so sonderbar, so ganz seltsam, daß Sie sich für mich interessiren – ich muß lachen – warum? das ist mein Geheimniß, vielleicht erfahren Sie es später einmal. Aber ich freue mich darüber – ich freue mich von Herzen – ach, das hätte ich wohl nicht sagen sollen.

Werlitz *für sich.* Eine entzückende Naivetät. *laut.* Sie nehmen Antheil an mir? Hätte ich das ahnen können, ich würde meine Schüchternheit überwunden haben.

Ilse Sie sind schüchtern?

Werlitz Ja.

Ilse Ich habe Sie gleich bemerkt. Als ich Sie zum ersten Male sah – es war auf einem Spaziergang – Sie gesellten sich zu uns und plauderten mit Fräulein von Eichstädt. Ich ließ eine Blume fallen, und wie ich mich bücken will, sie aufzuheben, treten Sie mit ihrem Fuß darauf. Es gab mir einen Stich durchs Herz. Ich war Ihnen böse, und Sie konnten doch nichts dafür.

Werlitz Das konnte ich thun! An welcher Stelle war es, wo liegt die Blume?

Ilse Und als ich Sie zum zweiten Mal sah –

Werlitz Es war bei der Kahnfahrt.

Ilse Nein, am Tage des großen Gewitters, Sie erinnern sich.

Werlitz Gewiß, natürlich.

Ilse Das Wetter hatte uns auf dem Berge überrascht. Ich war etwas zurückgeblieben und stand da, unter Donner und Blitz und zitterte an allen Gliedern vor Furcht. Da kamen Sie vom Thal herauf und jodelten lustig in den Sturm hinein – und all meine Furcht war fort. Und wie Sie mich da stehen sahen, zitternd und naß, da sagten Sie: Ach, die kleine Gesellschafterin.

Werlitz Das sagte ich gewiß nicht, *Für sich.* Sie ist reizend.

Ilse Sie sagten es, und nahmen meinen Arm, und ich weiß nicht wie es kam, ich zitterte noch immer und hatte doch gar keine Furcht mehr. Und Sie führten mich hinauf, aber Sie waren recht schweigsam. Ich hätte die Worte zählen können, die Sie mit mir gesprochen haben, es wären kaum ein Dutzend herausgekommen.

Werlitz O, ich erinnere mich wohl – aber was ich empfand, raubte mir die Sprache. Es giebt weibliche Wesen, die sind für uns wie Sterne, hoch über uns. Wir denken an sie, wir träumen von ihnen, aber wenn sie vor uns stehen, fürchten wir uns vor ihnen.

Ilse Fürchten – vor mir? Vor mir hat sich noch Niemand gefürchtet.

Werlitz Wir fürchten uns vor ihnen, wenn wir Unrecht gethan haben. Die Reinheit ihrer Seele ist ein Spiegel, in dem wir uns selbst so häßlich erblicken, daß wir erschrecken. *Für sich.* Weiß Gott, ich rede die Wahrheit.

Ilse Bitte sprechen Sie nicht so – Vor Fräulein von Eichstädt scheinen Sie sich ja auch nicht gefürchtet zu haben. Ich habe wohl bemerkt, wie auffallend Sie ihr den Hof gemacht haben. Daß ich das sage, ist gewiß nicht indiscret. Vielleicht – das kann man ja nicht wissen – steht sie Ihrem Herzen nahe.

Werlitz Ich aber kann es wissen, daß Fräulein von Eichstädt und mein Herz nie zusammen kommen. Wollen Sie wissen, warum ich der Baronin den Hof gemacht habe?

Ilse Wenn Sie es mir sagen wollen.

Werlitz Sehen Sie, Fräulein Ilse, wenn ich an einem fremden Ort ankomme, so erkundige ich mich zuerst, welche Sehens- und Merkwürdigkeiten er aufzuweisen hat. Ich höre dann: Da ist ein Wasserfall, der in Augenschein genommen werden muß, und ich nehme den Wasserfall in Augenschein. Da ist eine Bergspitze, die erklommen werden muß und ich erklimme die Bergspitze. Da ist ein junges Fräulein, der alle Welt den Hof macht und machen muß, und ich mache den jungen Fräulein den Hof. Auf diese Weise erklären sich auf das Unschuldigste und Natürlichste meine Aufmerksamkeiten für Fräulein von Eichstädt.

Ilse Das ist ungerecht, sehr ungerecht. Und doch – fast ist es mir lieb, daß es weiter nichts war. Ich freue mich darüber – Ihretwegen. Ich bin so thöricht – wenn Sie wüßten – Sie sind gut, nicht wahr? Sie sprechen immer die Wahrheit?

Werlitz Mein Fräulein –

Ilse Wissen Sie, was man von Ihnen sagt?

Werlitz Nun?

Ilse Aber es ist etwas Schreckliches.

Werlitz Sprechen Sie frei heraus.

Ilse Sie wollten die Baronin heirathen, weil – *zögernd* Sie so viel Schulden hätten.

Werlitz O Welt! o Verleumdung!

Ilse Ich habe es nicht geglaubt. Solche Menschen wären ja hassenswert, die sich verkaufen – für Geld. Und ich möchte Sie – nicht gerne hassen.

Werlitz Sie möchten mich nicht hassen, und ich – ich – *Für sich.* hasse mich selber in diesem Augenblick. *Sich ihr nähernd und ihre Hand nehmend.* Liebes Fräulein Ilse –

Ilse Was?

Werlitz *läßt ihre Hand los und tritt von ihr zurück* Nein, ich bringe es nicht über die Lippen..

Ilse So sprechen Sie doch.

Werlitz Möchten Sie – nein, Sie könnten es nicht – es ist unmöglich. Sie könnten niemals einem Menschen von Herzen gut sein – ich müßte Ihnen ja selbst davon abrathen, einem Menschen, der –

Ilse *erwartungsvoll.* Der –

Werlitz Seien Sie ruhig, es kommt niemals über meine Lippen

Ilse *unmuthig* Aber warum denn nicht?

Werlitz Denken Sie zuweilen an mich, gütig, mitleidig. Ich heiße Friedrich. Ich werde immer an Sie denken – in Homburg. Dort werde ich meine Kur fortsetzen

Hildegard erscheint an der Thür.

Vorige. Hildegard.

Hildegard Hier stecken Sie, Ilse? Ich habe Sie durch den ganzen Garten gesucht.

Ilse *verwirrt.* Verzeihen Sie, ich stehe zu Befehl.

Werlitz *etwas kühl.* Lassen Sie das Fräulein noch ein wenig hier. Ich habe so selten das Glück. Ich war eben dabei. Fräulein Ilse in die Geheimnisse der Topographie von Wiesbaden einzuweihen. Ihnen, Fräulein Mül — Fräulein von Eichstädt – wird die Luft hier zu dumpf sein, ich weiß. Sie haben zarte Nerven. Vielleicht erwarten Sie Ihre – Gesellschafterin in der Epheulaube. Für den Fall der Langeweile dürfte ich Ihnen *er sucht unter den Büchern auf dem Tisch* mit einem guten Buch behilflich sein – hier ist eine alte Chronik von Wiesbaden – interessant, höchst interessant.

Hildegard *gereizt.* Sie gestatten vielleicht, daß ich hier bleibe und von Ihrer Lokalkenntniß profitire.

Werlitz *verlegen.* Selbstverständlich. Wollen Sie nicht Platz nehmen? Ich dachte nur, Sie wären vielleicht beschäftigt. *zu Ilse.* Wie weit waren wir doch gekommen? ach ja. Nehmen wir an, dieser Tisch sei die Ebene und dieses Buch das Gebirge. Wir steigen nun allmählich empor – jetzt sind wir am Fuß des Berges. Das ist der Berg, wo ich Sie, Fräulein Ilse beim Gewitter überraschte. Ich sehe Sie noch immer, wie Sie vor mir standen, bleich, an allen Gliedern zitternd, reizend sahen Sie aus und rührend zugleich. Finden Sie nicht, Fräulein Mül – Fräulein von Eichstädt; daß Fräulein Ilse ein Madonnenköpfchen auf den Schultern trägt?

Hildegard Brauchen Sie einen Vorwand für Ihre Anbetung? *zu Ilse* Liebe Ilse, ich habe in der Laube mein Buch liegen lassen, haben Sie doch die Güte, es mir zu holen.

Werlitz Ein solcher Auftrag für das gnädige Fräulein – ich bitte, gestatten Sie mir –
Hildegard Lassen Sie Fräulein Müller gehen. *Ilse ab.*

Hildegard. Werlitz.

Hildegard *geht gereizt auf Werlitz zu.* Leugnen Sie nicht, Herr von Buch hat Ihnen Ihr Benehmen vorgeschrieben, er hat Ihnen geraten, meiner Gesellschafterin den Hof zu machen – mir geringschätzig zu begegnen, um desto sicherer meine Gunst zu gewinnen. Ich dulde ein solches Benehmen nicht.

Werlitz Ich gebe Ihnen mein Wort, daß Sie sich täuschen. Sollte ich einen Augenblick meine Ritterpflichten Ihnen gegenüber verletzt haben, so bitte ich um Entschuldigung. Niemand trägt die Schuld daran, als der bestrickende Liebreiz der Dame, die Sie Ihre Gesellschafterin nennen, er verwirrte mich einen Augenblick.

Hildegard Was soll die Komödie? Noch vor wenigen Minuten drängten Sie mir Ihre Huldigungen auf.

Werlitz *in immer steigender Verlegenheit* Ich möchte es nicht Huldigungen nennen. Was ich für Sie empfand, empfinde ich noch immer: Theilnahme, wahre Freundschaft, inniges Mitgefühl, Sympathie – mit einem Wort: ich achte Sie – wahnsinnig. Ich habe Ihnen noch niemals gesagt – *Er hat sich inzwischen Herbert genähert und ruft* Herr von Buch, kommen Sie doch näher.

Herbert Sobald ich mit dem Leitartikel fertig bin.

Hildegard *ungeduldig* Was haben Sie mir niemals gesagt?

Werlitz Daß ich für die Erweiterung der Erwerbsfähigkeit des weiblichen Geschlechts ein eminentes Interesse hege. Ich gehöre zum Lette-Verein. Ich finde, sie muß erweitert werden, diese Erwerbsfähigkeit – unter allen Umständen – um jeden Preis – sie muß. Ist z.B. die Profession einer Gesellschafterin einer hochgebildeten Dame würdig? nein – sie ist es nicht. *Er spricht sehr schnell und eifrig.* Warum können Frauen nicht ebenso gut Beamtinnen sein, Professoren, oder in Kliniken Kranke heilen? Es müßte ein Vergnügen sein, sich in einer solchen Klinik heilen zu lassen. Oder wären Sie im Stande, sich für die Telegraphie zu interessiren? Verfügen Sie ganz über mich. Wenn Sie eine Empfehlung brauchen, ich habe reiche und vornehme Verwandte –

Hildegard Sind Sie von Sinnen?

Werlitz *zu Herbert, halblaut.* Herr von Buch, schnell auf einen Augenblick, man bedarf Ihrer.

Herbert *näher tretend, halblaut.* Was wollen Sie denn von mir?

Werlitz *halblaut* Die Unterhaltung stockt. *In den Garten hinausgehend, laut.* Da kommt Fräulein Ilse mit dem Buch, sie hat schon wieder die Garnknäule fallen lassen, ich will ihr beim Aufwickeln behilflich sein. Ich stehe gleich wieder zu Diensten. *Ab*

Hildegard. Herbert. Dann Victor.

Hildegard Sagen Sie mir, hat der Baron den Verstand verloren?

Herbert Durchaus nicht, er hat eben eine eklatante Verstandesprobe vor Ihnen abgelegt. *Victor tritt schnell und erregt ein.*

Victor Sie verzeihen, ich vergaß hier einen Blumenstrauß. *Er nimmt das Bouquet* Wo ist Fräulein von Eichstädt?

Hildegard Sehen Sie mich nicht?

Victor Verzeihen Sie, ich meinte Fräulein Müller.

Herbert Nur Muth, junger Freund, legen Sie getrost Ihr Blumenopfer am Altar Ihrer Göttin nieder. Ich stehe dafür, sie lächelt heut gnädig auf Sie herab.

Victor O, ich bitte tausendmal um Vergebung, bedaure von Herzen, aber das Schicksal dieser Blumen ruht in der Hand der Gräfin Narischkow. Ich werde aber nicht ermangeln – morgen oder übermorgen – *Hildegard schalkhaft drohend.* Kleiner Schelm – haben Badegesellschaft an der Nase herumgeführt. Ich weiß alles. *Ab.*

Hildegard. Herbert.

Hildegard Träume ich denn? Geschieht das wirklich? Mir ins Angesicht dieser Schimpf! Ich gehe durch den Garten. Man grüßt mich – aber kühl. Was ist vorgefallen? Sprechen Sie, oder – ich weine vor Zorn.

Herbert Der Schlüssel zu dem Räthsel ist leicht gefunden. Man hat das Gerücht verbreitet, daß Sie eigentlich Fräulein Müller heißen, Ihre Gesellschafterin dagegen als Fräulein von Eichstädt das Licht der Welt erblickte, augenblicklich aber, in der Absicht, Herz und Nieren der Menschen zu prüfen, mit Ihnen getauscht habe. Darum mußte der arme Werlitz plötzlich Mitglied des Lette-Vereins werden. Darum wandert das Bouquet Ihres ehemaligen Anbeters an eine andere Adresse.

Hildegard Unglaublich! Welche Keckheit! Wer hat das gewagt? Ich Fräulein Müller? Haben Sie diese Absurdität geglaubt?

Herbert Gott bewahre. Es thut mir aber leid, daß Sie durch ein solches Mißverständniß um zwei Anbeter und ein Bouquet gekommen sind. *Hildegard geht, wie über etwas nachdenkend, auf und ab.* Geben Sie mir die Erlaubniß , das Gerücht zu dementiren, und ich gehe jede Wette ein, vor Ablauf einer Stunde ist Ihr Königreich wieder hergestellt. Wieder wird man die Rosengärten für Sie plündern, und alle Abtrünnigen schmachten wieder in den alten Fesseln. Sich zu rächen stehen Ihnen zwei Wege offen. Sie verzeihen großmüthig und verächtlich, oder Sie ecrasiren diese ganze miserable Gesellschaft.

Hildegard *schwermüthig.* Ich werde Niemand mehr ecrasiren. *Als wenn sie einen plötzlichen Entschluß gefaßt habe.* Gut – so mag das Schicksal seinen Lauf haben. Diese Heuchelei – sie ist mir zuwider – mag Fräulein von Eichstädt mich von ihrer Schwelle jagen, mag wieder bittere Noth an meine Thür klopfen. Sie sollen die Wahrheit wissen. Ja, Herr von Buch, ich bin die Gesellschafterin – ich heiße Müller. *Kurze Pause.* Wie? Sie bleiben ruhig, gelassen? warum sind Sie nicht erstaunt?

Herbert Warum soll ich erstaunt sein? Weil Sie Müller heißen? Ich kenne Leute, die heißen Schulze und ich wundere mich auch nicht. Übrigens, wenn ich in die Lage käme, Ihnen Gedichte zu dediciren, ich würde mich vorläufig hüten, sie an die schöne Müllerin zu adressiren.

Hildegard Ich schwöre Ihnen, daß Fräulein Ilse Müller nicht meine Gesellschafterin ist, ich schwöre Ihnen –

Herbert *sie unterbrechend.* Das genügt. Ich glaube Ihnen. Es ist also wahr. Was man nicht Alles erlebt. Fasching mitten im Sommer. Sie werden übrigens nicht verlangen, Fräulein Hildegard Müller, daß ich Ihnen kondolire. Ich gehöre nun einmal zu den absonderlichen Geschöpfen, bei denen Rang und Reichthum eine höchst untergeordnete Rolle spielen. Ich kann Ihnen dagegen versichern, seitdem ich Ihre wahre Lage kenne, ist meine Theilnahme für Sie um einige Grade gestiegen, und Sie stehen –

Hildegard Ihrem Herzen näher – wollten Sie das sagen?

Herbert Das wollte ich eigentlich nicht sagen. *Hildegard seufzt tief.* Warum seufzen Sie so schwer?

Hildegard Ach, wenn unter den Vielen, die zu meinen Füßen lagen, mich einer wirklich liebte – nur ein Einziger – und wenn er mir bis dahin gleichgiltig gewesen wäre, ich glaube, ich würde ihn von Stund' an lieben. Wäre er mir aber nicht gleichgiltig gewesen, und er sagte mir jetzt – jetzt, daß er mich liebt – *sie hält ein, als erwarte sie eine Antwort.*

Herbert Was würden Sie thun?

Hildegard An seinem Herzen weinen – weinen vor Glück und Seligkeit. *Sie blickt erwartungsvoll auf Herbert.*

Herbert Und er existirt vielleicht, dieser Liebende; wüßte ich nur wo – ich würde –

Hildegard *ihn unterbrechend.* Aber nein – Niemand liebt mich – Niemand! – *Heftig.* Warum liebt mich keiner! – Weil sie nur sich selbst lieben, diese – Männer!

Herbert Was Sie sagen, klingt, als sprächen Sie zu einem imaginären Liebhaber: auf der Stelle, Sklave, falle zu meinen Füßen, ich weiß ja doch, Du stirbst aus Liebe zu mir – gestehe Narr! – Sie sollten sich aber nicht zu elegant kleiden, Fräulein Müller, das muß Ihre Mittel übersteigen. – Des Geldes sind Sie ledig, aber Ihr Stolz ist geblieben, und ich glaube, Sie gehören noch immer zu den Frauen, bei denen die Gefühle nur ein rosiges Colorit über einer Schneelandschaft sind, bei denen die Liebe nur eine neue Form der Herrschsucht ist. Sie sind immer noch zu viel Dorn, zu wenig Rose. *Unter Herberts Rock ist die Schleife sichtbar geworden, die er in der 5. Scene eingesteckt hatte.*

Hildegard Was für eine Schleife haben Sie da? Es ist die meinige – ich verlor sie heut. Warum haben Sie die Schleife eingesteckt?

Herbert Ich that es mit Bedacht. Das Gerücht von ihrer Müllerschaft war schon zu meinen Ohren gedrungen, und ich dachte mir: Fräulein Müller kann nicht alle Tage neue Bänder kaufen – und steckte sie ein. *Hildegard die Schleife gebend.* Da haben Sie Ihr Band.

Hildegard Sie spotten meiner Armuth. Gehen Sie, gehen Sie wie die Andern, verhöhnen Sie mich, schwärmen Sie für das neue Fräulein von Eichstädt. Ich verlasse diesen Ort, ich reise fort, ich gehe nach Italien. Ich will diese ganze herzlose Gesellschaft nicht wiedersehen.

Herbert Sie gehen nach Italien? Wo kriegen Sie denn das Geld her, Fräulein Müller?

Hildegard Es ist wahr, ich bin arm. Ich muß bleiben. Herbert – *kurze Pause.*

Herbert Was?

Hildegard Sie sind mein Freund?

Herbert Ja.

Hildegard Und wenn ich Ihnen nun sage – *mit sich kämpfend.*

Herbert *sich ihr schnell nähernd.* Was?

Hildegard *trotzig.* Daß ich Sie hasse – ja hasse.

Herbert Das glaube ich Ihnen nicht. Übrigens kommt da Ihre Principalin.

Hildegard Wer kommt?

Herbert Fräulein von Eichstädt. Wenn weibliche Geister aufeinander platzen, räume ich gern das Feld. Sollten Sie mir im Lauf des Vormittags noch etwas zu sagen haben – einen Widerruf etwa Ihrer eben geäußerten Gefühle – ich bleibe im Garten und rauche mit Herrn von Werlitz eine Cigarre.

An der Gartenthür trifft er mit Ilse, die von Herrn von Werlitz begleitet wird, zusammen; sie grüßen sich und Herbert geht mit Werlitz in den Garten.

Hildegard. Ilse.

Ilse *in Aufregung.* O Hildegard, wie danke ich Ihnen, daß Sie damals meine Bitte erfüllten. Ich bin glücklich. Sie sind auch glücklich, nicht wahr? wer wäre es nicht! *Sie riecht an den Blumen in der Vase.* Ach, wie die Blumen duften und was für eine reizende Toilette Sie gemacht haben. Ich glaube, ich bin ein Sonntagskind. Ich muß Sie umarmen. Ich bin glücklich. Sagen Sie mir – aber aufrichtig – nicht wahr, ich bin heut hübsch, oder ziemlich hübsch wenigstens – ach – ich möchte schön sein.

Hildegard Armes, armes Kind.

Ilse Sie bedauern mich – warum denn? mir wird plötzlich angst. Ist etwas vorgefallen? etwas Trauriges? Sprechen Sie!

Hildegard Ich fürchte, Sie haben sich in den Baron Werlitz verliebt.

Ilse Sollte ich mich wirklich verliebt haben? – Wenn ich's mir recht überlege – ich glaube fast, ein wenig. Ich kann nicht dafür. Er ist wirklich zum Verlieben. Er ist ein schöner, lieber, edler Mensch, finden Sie das nicht auch?

Hildegard Nein, Ilse, ich finde es nicht. Er ist Ihrer nicht werth. Er hat Ihnen den Hof gemacht.

Ilse Ist das Unrecht?

Hildegard Wissen Sie, warum er Ihnen den Hof gemacht hat?

Ilse Warum? Hildegard, glauben Sie wirklich, daß ich Niemandem gefallen kann? Niemandem?

Hildegard Kleine Heuchlerin, das ist es nicht. Die Badegesellschaft hat sich's in den Kopf gesetzt – um eine Leere darin auszufüllen wahrscheinlich – daß wir miteinander getauscht hätten, daß ich die arme Gesellschafterin, Sie das reiche, unabhängige Fräulein von Eichstädt seien.

Ilse *lacht.* Hahaha, das ist zu komisch.

Hildegard Sie begreifen, daß der schöne, liebe, edle Herr von Werlitz –

Ilse Wie – Sie wollen sagen, seine Aufmerksamkeiten hätten nicht mir, sondern dem reichen Mädchen gegolten? Das glaube ich nicht, ich will es nicht glauben. Ich weiß ja, Hildegard, Sie sind so klug, aber Sie können sich auch einmal täuschen.

Hildegard Dies nicht, meine liebe, kleine Freundin. Sie entrichten heut an den strengen Lehrmeister Erfahrung Ihr erstes bitteres Lehrgeld.

Ilse Es sind ja nicht seine Aufmerksamkeiten, die mein Herz bewegt haben, aber – Hildegard, hat er Sie jemals angeblickt?

Hildegard *lächelnd.* Ich dächte doch. Ich verlange nicht, daß Sie mir glauben, Sie sollen sich selbst überzeugen. Rufen Sie Herrn von Werlitz hierher.

Ilse *hinausrufend.* Herr von Werlitz! Herr von Werlitz! *Werlitz erscheint mit Herbert an der Thür.*

Herbert *zu Hildegard.* Riefen Sie mich?

Hildegard Bewahre.

Herbert Das ist mir lieb – wegen der Cigarre, die ich zu Ende rauchen möchte. *Geht wieder in den Garten ab.*

Hildegard. Ilse. Werlitz.

Werlitz *zu Ilse.* Sie riefen mich, gnädiges Fräulein, und nun wenden Sie sich von mir ab? Was ist Ihnen? Sie sind traurig.

Hildegard Ich habe das gnädige Fräulein eben von einem lächerlichen Gerücht in Kenntniß gesetzt, mit dem ein Spaßvogel die Gesellschaft hier düpiert hat. Meine Gesellschafterin fürchtet nun zwar keineswegs, daß dieses Gerücht in irgend einer Beziehung zu Ihrem Benehmen neuesten Datums stehe, aber sie ist bestürzt –

Ilse Ich bin wirklich Ilse Müller, Herr von Werlitz. Nicht wahr, Sie haben keinen Augenblick daran gedacht, daß ich Hildegard heißen könnte oder von Eichstädt? Ich bin eine einfache, richtige Ilse. – Was sagen Sie, Herr von Werlitz?

Werlitz *nur mühsam seine Bestürzung verbergend.* Sie könnten glauben – ich sollte – Gott bewahre mich – was sagen nicht die Leute alles. – Welcher vernünftige Mann leiht einem Gerücht sein Ohr! Gerüchte – was sind sie anders als wüste Träume einer Gesellschaft, die sich den Magen überladen hat, die an geistiger Unverdaulichkeit leidet. Wer glaubt an Träume? Ich nicht. *Halblaut zu Hildegard.* Ich bitte Sie, ich beschwöre Sie, wie Sie auch heißen mögen, welche von Ihnen ist Fräulein von Eichstädt? Spielen Sie nicht mit mir.

Hildegard Ich bin's.

Werlitz Gut. Sie sind's Und dennoch – *für sich.* Welche ist es, welche? *Laut in der Absicht sprechend seiner Verwirrung Herr zu werden.* Es giebt so sonderbare Mißverständnisse, meine Damen. Ich kannte einen Herrn, *zu Hildegard.* Sie müssen ihn ja auch gekannt haben – *für sich.* wäre es doch Ilse.

Hildegard Wen denn?

Werlitz Ja, den Namen habe ich vergessen.

Hildegard Und was passirte diesem Herrn?

Werlitz Das wollte ich Ihnen ja eben erzählen. Sie unterbrechen mich ja fortwährend, nun habe ich den Faden verloren. *zu sich.* Jammerschade, daß es nicht Ilse ist. *er ist an die Thür getreten und winkt heftig Herbert, den das Publicum nicht sieht, herein zu kommen.*

Hildegard Also Fräulein Müller hat sie nur interessirt –

Werlitz *Hildegard unterbrechend und sie in den Vordergrund ziehend.* Ein Wort im Vertrauen Fräulein – Fräulein –

Hildegard von Eichstädt

Werlitz von Eichstädt. Ich hatte einen Auftrag von Herrn von Buch, er ist verliebt in die Kleine.

Hildegard *auffahrend* Einen Auftrag? Er ist verleibt in meine Gesellschafterin?

Werlitz Ja, so ist es. Ich sollte den Gefühlen des Fräuleins auf den Grund zu kommen suchen, so sagte er. Ich habe mir alle Mühe gegeben – was thut man nicht für einen Freund – und in der That, ich habe gefunden, sie ist ein nettes – *Ilse ist näher gekommen und hört die letzten Worte.* ein sehr nettes Mädchen – empfehlenswerth, durchaus empfehlenswerth.

Ilse Wie, Herr von Werlitz, ich bin ein nettes Mädchen – habe ich denn recht gehört?

Werlitz Gott bewahre – wie können Sie glauben – Sie sind jeder Hochachtung werth.

Hildegard Es thut mir leid um Sie, Herr von Werlitz. Hätten Sie sich nicht so wankelmüthig und treulos gezeigt, ich hätte Sie geliebt.

Werlitz (schnell, angstvoll.) Noch ist es nicht zu spät.

Ilse Und ich –

Werlitz Und Sie?

Ilse Ich hätte Ihnen – ewige Freundschaft geweiht.
Die Damen müssen so weit von einander stehen, daß die eine nicht zu hören braucht, was Werlitz zu der andern spricht. Werlitz steht in der Mitte zwischen den beiden Damen.

Werlitz *zu Hildegard* Ich fühle leidenschaftlich für Sie. *Hildegard wendet sich ab. Zu Ilse.* In der Tiefe meiner Brust – *zu Hildegard.* Nur Sie – *zu Ilse.* Nur Sie – *er winkt abermals Herbert sehr energisch zu.*

Hildegard *ergreift Ilse's Hand und tritt mit ihr dicht vor Werlitz* So, mein Herr, jetzt sagen Sie uns in's Gesicht, welche Empfindungen für dieses brave Mädchen *auf Ilse zeigend.* nähren Sie in Ihrer Brust?

Werlitz Ich soll hier – öffentlich –

Ilse Lieben Sie Fräulein Hildegard oder nicht?

Werlitz *grenzenlos verwirrt.* Wie – ich soll zu einer Dame, die ich verehre, sagen, ich liebe eine andere Dame, die ich nicht verehre – was rede ich da! *Sich energisch zusammenraffend.* Was Sie mir zumuthen, meine Damen, ist in höchstem Grade unmoralisch. Wissen Sie nicht, daß Diskretion die erste und vornehmlichste Eigenschaft eines Cavaliers ist? Fordern Sie von mir, was Sie wollen: mein Blut, mein Leben, meine Ehre – aber keine Indiskretion. Nur über meine Leiche gelangen Sie zu den Geheimnissen meiner Mannesseele. Was ist das Leben ohne Diskretion? ein gelöstes Räthsel, schal, langweilig. Was ist die Gesellschaft ohne Diskretion? ein entfesselter Hexensabbath. Denken Sie sich in meine Lage. Wenn ich Sie fragen wollte, Baronin, lieben Sie mich?

Hildegard Ja, ich liebe Sie – würde ich antworten.

Werlitz Und – Sie – Fräulein Ilse?

Ilse *schalkhaft.* Ich – auch –

Werlitz Nun wohlan. So will auch ich die zarte Scheu bei Seite setzen und will gestehen, daß ich liebe, ja – ich liebe – Fräulein Hildegard von Eichstädt. *Während dieser Worte vermeidet er die beiden Damen anzusehen.* Hier ist mein Herz – es gehört ihr. Hier ist meine Hand, schlagen Sie ein, *er betont den Namen stark.* Fräulein Hildegard von Eichstädt! *Er streckt die Hand aus nach der Seite, wo Ilse Steht, Hildegard ergreift die andere Hand.*

Werlitz Sie? wirklich Sie? *von seiner Empfindung hingerissen, sich vergessend.* So liebe ich also die falsche Hildegard! *Erschreckend.* Verzeihung, Fräulein von Eichstädt, ich bin in diesem Augenblick unzurechnungsfähig. ich rede die Wahrheit, ich beleidige eine Dame, die ich –

Hildegard *ihn unterbrechend* Wahnsinnig achte.

Ilse *voll innerer freudiger Erregung.* Und Sie lieben mich? mich?

Werlitz Warum freuen Sie sich denn? Was nutzt Ihnen meine Liebe! Ich kann Sie ja doch nicht heirathen. Wir haben ja Beide nichts, und zwei Arme sind viel ärmer als einer. *Heftig.* Warum sind Sie auch so gänzlich mittellos! *Ilse wendet sich beleidigt ab.* Ich weiß ja, Sie können nichts dafür. Warum habe ich Schulden! ich kann auch nichts dafür.

Hildegard Das wollen wir nicht so schroff hinstellen.

Werlitz Gleichviel. Die ich liebe, ist für mich verloren. *Er nimmt seinen Hut.* Ich gehe fort, Fräulein Ilse, für immer. Nur einmal, einmal, Ilse, nennen Sie mich Friedrich, als ein Zeichen, daß ich Ihnen nicht gleichgiltig bin. Sie schweigen – so sagen Sie wenigstens: adieu lieber Friedrich – auch nicht? nun denn: adieu Fritz.

Ilse Adieu – Herrn von Werlitz. *Da er zögert.* So gehen Sie doch.

Werlitz Ja, ich werde gehen – Wissen Sie wohin Sie mich treiben? in meine Verlobung. Ja, ich Unglücklicher verlobe mich. *Herbert tritt in den Salon.*

Hildegard Wirklich? Sie verloben sich?

Werlitz Ja, mit Fräulein Elisabeth von Schulz. Wenn es Sie interessiren sollte, die Photographie meiner Braut zu sehen – so eben erhielt ich den Brief mit dem theuren Geschenk. Öffnen wir den Brief. *Er öffnet den Brief, blickt auf die Photographie, dann auf Ilse und bleibt wie erstarrt stehen.*

Hildegard *blickt über seine Schulter* Aber – Ilse – das ist ja Ihre Photographie!

Ilse Meine Photographie – ja wohl. Geben Sie sie mir zurück, Herr von Werlitz. Sie haben kein Recht mehr darauf. Hildegard, das ist der Cavalier, um dessentwillen ich Sie bat, mich unter dem Titel Ihrer Gesellschafterin mit nach Wiesbaden zu nehmen. Ehe ich den Wunsch meines Vaters, den Baron Werlitz zu heirathen, erfüllte, wollte ich diesen Herrn kennen lernen. Ich habe ihn kennen gelernt, und finde, er ist ein netter, ein sehr netter Mensch, durchaus empfehlenswerth, aber – ich mag ihn nicht.

Hildegard Nun, Herr von Werlitz, was ziehen Sie für Ihren Fall vor? Den Vergleich mit dem Langohr zwischen den Heubündeln oder die Fabel mit dem Hunde?

Werlitz Fräulein von Eichstädt, Sie sind grausam; Fräulein Ilse, ich wende mich an Sie. Wir sind ja alle Sünder.

Ilse Sie aber vorzugsweise.

Werlitz Vergessen Sie nicht: Verziehen ist seliger als verdammen.

Ilse Ich verzichte auf diese Seligkeit. Sie sind unverbesserlich.

Werlitz Auch der Entartete ist der Besserung fähig und ich bin nicht entartet. Es ist wahr, ich habe an meiner Seele Schaden gelitten. Die Liebe eines reinen Weibes aber ist wie die Stimme Gottes, die in das Chaos rief: Es werde Licht. Ilse, seien Sie mein Schutzgeist. Ich heiße Friedrich.

Herbert Er heißt Friedrich, Fräulein Ilse. Erbarmen Sie sich.

Werlitz Retten Sie mich, liebes holdes Mädchen. *Er will Ilse's Hand ergreifen, sie wendet sich von ihm ab, stößt an den Tisch, dabei fallen wieder einige Knäule zu Boden, die er aufhebt. Wer soll Ihnen künftig Ihre Garnknäule in Ordnung halten? Indem er ihr die Garnknäule gibt, stoßen sie leicht mit den Köpfen zusammen. Ilse lacht. Er hält ihre Hand fest.*

Ilse *sich sträubend.* Lassen Sie mich los. Adieu –

Werlitz *drängend.* Lieber – –

Ilse Fritz! *Werlitz küßt ihr leidenschaftlich die Hand. Ilse sucht sich von ihm loszumachen.* Herr von Buch, Herr von Buch retten Sie mich vor diesem liebenswürdigen Taugenichts.

Herbert Das kann ich nicht. Ich verlasse Wiesbaden. Ich gehe in die Schweiz.

Hildegard *zu Herbert.* Wie? Sie reisen? in einigen Tagen?

Herbert In einer Stunde. Lassen Sie mich Ihnen ein herzliches Lebewohl sagen. *Ilse die Hand reichend.* Leben Sie wohl, Fräulein Ilse! Ihr liebliches Wesen hat mich erfreut und erfrischt, ich werde Sie nicht vergessen. *Zu Hildegard.* Und Ihnen, Fräulein Hildegard, wünsche ich all das Glück, das zu verschmähen Sie stets bereit sind. Leben Sie recht, recht wohl! *Er hält ihre Hand fest und sieht ihr forschend in die Augen, dann läßt er sie mit einiger Heftigkeit los, grüßt kalt, und ist im Begriff, das Zimmer zu verlassen.*

Hildegard *steht einen Augenblick unschlüssig, wie mit sich kämpfend, dann ruft sie* Herbert! *Er wendet sich um, und geht lebhaft auf sie zu. Sie wirft sich in seine Arme.* Nimm mich mit!

Herbert Und Du glaubst, glaubst daß ich Dich liebe? Dich wahrhaftig und maßlos liebe?

Hildegard Ich weiß es. Ich wußte es längst. Verzeih mir.

Indem der Vorhang fällt, erscheint Xaver Nicolowitsch mit einem Körbchen Erdbeeren an der Mittelthür, sich den Schweiß trocknend

Der Vorhang fällt

Ein Schuss ins Schwarze

Personen

Marie von Gersdorf, junge Wittwe
   Friedrich von Walther, ihr Bruder
   Laura von Walther, Friedrichs Gattin
   Max von Dernburg
   Fanny Schmidt, Marien's Jungfer
   Franz Kutzer, Diener Dernburgs
   Ort der Handlung: Ein Landgut
   Elegant möblirtes Zimmer mit der Aussicht in den Park

1. Scene

Marie

Beim Aufziehen des Vorhangs sitzt Marie in einem Armstuhl und hält ein schwarzgebundenes Buch in der Hand, in dem Sie liest.

Marie *laut lesend.*
  ”Zu tragen ist die Wunde, die
  Von Feindes Hand geschlagen wird,
  Doch nicht zu tragen ist das Leid,
  Das unsichtbar am Herzen nagt.”
Sie erhebt sich und geht langsam und melancholisch dem Fenster zu, indem sie die letzten Worte

des Verses wiederholt.
  “Das unsichtbar am Herzen nagt.”

Sie zieht den Vorhang von Fenster zurück. Wie hell die Sonne scheint, die Vögel singen so

lustig. Alles grünt und blüht und duftet. Die ganze Natur athmet in Lust. – Und ich? – Ich bin der Nachtvogel, der sich in den hellen Tag hinein verirrt hat. Das Licht thut meinen Augen weh, ich will den Vorhang wieder schließen. *Indem sie am Vorhang beschäftigt ist, blickt sie hinaus und hält mit einer plötzlichen Bewegung inne.* Da ist er wieder! traurig wie immer, die Augen zu Boden gesenkt. Ob er aufblicken wird? – Nein – er geht vorüber, wie gestern, wie vorgestern, wie an jedem Tage. Sein Gesicht ist edel, aber der Ausdruck düster. Seine jugendliche Stirn ist gefurcht, der Gram nistet darin. Ich kann mich des Mitleids nicht erwehren, wenn ich ihn sehe – eines tiefen, unaussprechlichen Mitleids. Armer, armer Mann, Du leidest wie ich.

2. Scene

Marie. Fanny.

Fanny *hastig eintretend.* Gnädige Frau! *Marie hört sie nicht, Fanny tritt dicht zu ihr heran und sieht ihr über die Schulter.* Gnädige Frau!

Marie *erschreckend.* Mein Gott – was giebt's?

Fanny Der Wagen Ihres Herrn Bruders, des Herrn von Walther, ist soeben in die Lindenallee eingefahren. Ich sollte Sie benachrichtigen.

Marie Ja wohl – ganz recht. Reich mir meinen Shawl. Habe ich es Dir schon gesagt? Mein Bruder und seine Gattin werden einige Wochen bei uns bleiben. Um unsere Einsamkeit ist es nun geschehen, liebes Kind.

Fanny Ach wie schade. *Für sich* Gott sei Dank! *Sie tritt ans Fenster.*

Marie Aber Fanny – was machst Du denn da?

Fanny Da geht er wieder gnädige Frau.

Marie Wer denn?

Fanny Sehen Sie – dort! Da spaziert er hin mit seinen schwarzen Augen, seinem schwarzen Rock und gewiß auch seiner schwarzen Seele! *Für sich* Neugierig soll ich sie machen, hat Franz gesagt.

Marie *indem sie sich die Handschuhe anzieht* Was schwatzest Du da für Unsinn?

Fanny Ja, gnädige Frau, es soll eine schreckliche Geschichte sein, die er auf seinem Gewissen hat. Die Leute sagen, es käme ein blutendes Herz darin vor – und ein Dolch, ein Lindenbaum und eine Nachtigall - ach mich gruselt's – wer weiß was unter dem Lindenbaum liegt. Nun sehen Sie einmal, gnädige Frau, wie er vor sich hinstarrt - und er könnte doch wenigstens heraufgrüßen. Thut er nicht gerade, als ob wir gar nicht auf der Welt wären?

Marie *für sich* Sie hat Recht, grüßen könnte er wenigstens. *laut* Und du meinst also, daß er eine Geliebte durch den Tod verlor?

Fanny Na – was man so Tod nennt. Wer weiß, vielleicht – Mord oder Selbstmord … Aber hören Sie nicht, gnädige Frau? Der Wagen hält schon vor dem Portal!

Marie Schon? aber was geht mich auch die Geschichte eines Fremden an, der mit vollkommen gleichgültig ist. *Schnell ab.*

Fanny

Fanny *ihr nachsehend* Vollkommen gleichgültig? Der Ton war etwas lebhaft, in dem man seine Gleichgültigkeit betheuerte. Nun – wenn Gott will und Fanny ein wenig nachhilft, so wird unsere Trauerzeit hier bald um sein. Noch einen Winter wie den vorigen mit meiner schwarzen Dame, und ichkriege im vollen Ernst die Melancholie – eine gräßliche Krankheit! Schon ertappe ich mich manchmal beim Absingen von Sterbewalzern und Trauerpolkas. *Stäubt die Möbel ab.* Wenn nicht der lustige Franz noch wäre – das ist doch ein lieber Mensch, ein bischen unverschämt, aber – nett. Es kommt jemand, meine Gnädige gewiß, stürzen wir uns wieder in Melancholie. *Singt in langsamen, feierlichen Tempo:* "Freut Euch des Lebens, weil noch das Lämpchen glüht –"

4. Scene

Franz *fällt in lustiger Weise und im gewöhnlichen Tempo ein* "Pflücket die Rose, eh sie verblüht." *Will sie umfassen.*

Fanny Herr Franz, was ist das für ein Betragen?

Franz Ein hervorragend verliebtes.

Fanny Sie müßten nun doch ein für alle Mal wissen...

Franz *einfallend* Daß Ihr ganzes Herz an mir hängt.

Fann Sie wollen mir etwas anhängen, wie es scheint. Übrigens habe ich gar kein Herz.

Franz Natürlich nicht, da Sie es mir vor längerer Zeit geschenkt haben.

Fanny Ich bin viel zu sparsam, um etwas zu verschenken.

Franz So sagen wir, daß wir unsere Herzen ausgetauscht haben.

Fanny Wer tauschen will, will betrügen. Übrigens, wenn Ihr Herr ein solcher Leichtfuß ist wie sein Diener, so bereue ich aufrichtig, seiner Liebe für meine gnädige Frau Vorschub geleistet zu haben.

Franz Ich und mein Herr Leichtfüße? Warum nicht gar? Die einzigen Füße, die wir im Dienste unserer Damen verwenden, sind Freiersfüße und Versfüße. Wir sind wahre Sinnbilder der Treue. Seit 2 Jahren 6 Monaten 24½ Tag lebt mein Herr nur noch als ein Schatten der Frau von Gersdorf. Nicht erröthend sondern erbleichend folgte er ihren Spuren von Berlin hierher in diese Einöde. Er verkleidete sich mit Melancholie, er, sonst so hervorragend übermüthig.

Fanny *ihn unterbrechend* Und wie sonderbar, daß sie ihn nicht einmal kennt, daß er sich nie bemerkbar gemacht hat, nie zu ihr von seiner Liebe gesprochen hat...

Franz Aber Fräulein Fanny, vergessen Sie nicht, daß Frau von Gersdorf damals noch verheirathet war...

Fanny Ach, nur unglücklich...

Franz Gleichviel – er hatte keine Hoffnung. Da starb der Tyrann, unsere Hoffnung lebte auf, und nun schmachten wir schon an die sechs Wochen...

Fanny Und mit Erfolg kann ich Ihnen sagen.

Franz Endlich ein hervorragendes Geständniß aus Deinem Munde, holde Fanny! *Will sie umschlingen.*

Fanny Von Ihrem Herrn ist die Rede. Anfangs war meine Gnädige neugierig – dann zerschmolz ihr Herz in Mitgefühl, und seit ungefähr 8 Tagen fühlt sie einen unwiderstehlichen Drang, Nachmittags zwischen 4 und 5 Uhr in gewählter kohlpechrabenschwarzer Toilette einen Spaziergang durch den Wald zu machen.

Franz Zwischen 4 und 5? Gerade die Zeit, wo mein Herr denselben unwiderstehlichen Drang spürt, und wo ich mir zuweilen die Freiheit nehme, meine kleine Fanny...

Fanny Fräulein Schmidt – bitte ich – Herr Kutzer! Und jetzt zum letzten Male, was verschafft mir die Ehre Ihres Besuches, mein Herr?

Franz Richtig – fast hätte ich die Hauptsache vergessen. Mein Herr – Herr von Dernburg – läßt Frau von Gersdorf in einer wichtigen, einer Geschäfts-Angelegenheit, um eine Unterredung unter vier Augen bitten.

Fanny Aha, merkst Du was?

Franz Es scheint, man ist zu der Ansicht gelangt, daß die Belagerung lange genug gedauert hat, und der erste Sturmlauf wird gewagt.

Fanny Ich glaube aber, daß die Festung sich noch lange nicht ergeben wird.

Franz Das kommt nur auf das Feuer des Angriffs an- *Nähert sich ihr.*

Fanny *Öffnet ihm die Thür.* Mein Herr, ich empfehle mich Ihnen.

Franz Tausend Dank, theure Fanny, daß Sie mir eigenhändig die Pforte öffnen, durch welche wir gemeinsam in den Park, zu einem kleinen harmlosen Stelldichein verfügen wollen. Eine hervorragende Liebenswürigkeit in der That! *Zieht die sich sträubende Fanny mit sich hinaus.*

Fanny Aber Herr Kutzer. *Beide ab.*

5. Scene

Marie und Laura kommen Arm in Arm durch eine andere Thür

Laura Noch einmal laß Dich umarmen, liebe, liebliche Waldelfe.

Marie Und Du munteres Weltkind, sei bestens willkommen in meinem verzauberten Schlosse.

Laura Verzaubert? Gehen Gespenster darin um?

Marie Die Gespenster der Einsamkeit und des Trübsinns. Wirst Du Dich nicht vor Ihnen fürchten?

Laura Im Gegentheil – ich will sie bannen.

Marie Und das Zauberwort?

Laura Liebe! *Marie schüttelt traurig den Kopf.*

Marie Also mein Bruder muß durchaus noch einige Rebhühner schießen, und vor einer halben Stunde dürfen wir nicht auf ihn rechnen?

Laura Eher sicher nicht. Wie es scheint, Du Waldprinzeßchen, Du verzaubertes Dornröschen, schläfst Du noch immer, aber er kommt – er naht...

Marie Wer?

Laura Der Prinz, der Dich wecken soll, der Prinz, der nicht achten wird der Dornen Deines Trübsinns, der Mauer Deiner Abgeschlossenheit. Ich sage Dir, ein junger schöner Prinz mit feurigen Augen und schwarzem Bart, übrigens sieht er mir sprechend ähnlich,

Marie Ach so, Dein Bruder, der liebenswürdige Egon.

Laura Errathen. Ich habe Deinen Bruder geheirathet, so sehe ich nicht ein, warum Du nicht auch den lieben meinen heirathen solltest. Eine Hand wäscht die andre. *Marie macht eine abwehrende Bewegung* Ich komme nämlich als seine Gesandtin her – ich habe mich für Dich verbürgt – drum sage kein Wort mehr. Du hast auch wirklich nicht den geringsten Grund, meinen armen Bruder unglücklich zu machen. Ist er nicht hübsch und liebenswürdig?

Marie *gleichgültig* O ja!

Laura Liebes Kind. Sei vernünftig und mache Dir keine Illusionen. Früher oder später mußt Du ja doch wieder heirathen. Ein Gatte gehört zu einer Frau, die in der Gesellschaft leben will, wie der Handschuh zu ihrer Hand.

Marie Dein Bruder kennt mich ja kaum.

Laura Er kennt Dich durch mich. Ich habe ihm von Deiner Schönheit erzählt, von Deiner Liebenswürdigkeit, Deinem Vermögen...

Marie Aha!

Laura Von Deinem Vermögen, einen Mann zu beglücken, meine ich natürlich. Nun Mariechen, fort mit den Bedenklichkeiten, wann ist die Hochzeit?

Marie O schweig, Laura, wenn Du mich nicht kränken und betrüben willst. Ich liebe ja Deinen Bruder nicht, und wenn ich ihn auch liebte, ich würde ihn schwerlich heirathen.

Laura Und warum nicht? Du kannst doch nicht im Ernst lebenslang Wittwe bleiben wollen, weil Dein Seliger Dich unglücklich gemacht hat! Hast Du Dich vielleicht bei der Vorsehung auf schlechte Ehemänner abonnirt? Freilich, Du bist so unschuldig und unerfahren, Dir wäre es besser gewesen, Du hättest gleich mit dem zweiten Gatten anfangen können.

Marie Ich werde niemals eine zweite Ehe eingehen. Die Wunde, die ich davongetragen, ist zu tief gewesen, ich kann kein neues Glück auf Asche bauen.

Laura Aber Marie...

Marie Siehst Du Laura, mit so frohem Sinn und so zärtlichen Lippen wie ich mögen wenige Frauen in die Ehe getreten sein. Mit der ganzen freudigen Liebe meines jungen Herzens wollte ich den Gatten umfassen. Und wie rauh hat er mich zurückgestoßen, wie rauh und abstoßend selbst war seine Zärtlichkeit. Was war ich ihm? Nichts als ein dürftiges kleines Geschöpf zu seinem Dienst und seinem Zeitvertreib. O Laura, daß es solche Ehen giebt, wo wir rettungslos einem bösen Mann angehören und ihm gehorchen müssen, ohne Schutz bei Gott und den Menschen, das hat meinen Glauben zerstört an die Heiligkeit der Ehe, meinen Glauben an die Männer, ja an die Menschheit.

Laura Aber Mariechen, was hat denn die Menschheit mit Deinem seligen Major zu schaffen? Eine mußte ihn doch bekommen. Versicherungen gegen solche Unglücksfälle giebt es nicht. Du bist jung und schön, vergiß ihn, der Dich unglücklich gemacht hat.

Marie Ja wohl, ich kann ihn vergessen, ich habe ihn vergessen, Laura, aber was ich erduldet, hat mich zerstört für immer.

Laura Kürzen wir das "immer" und sagen wir auf zwei Jahre. Die zwei Jahre sind um, Du kehrst in die Gesellschaft zurück.

Marie Niemals. Wollte ich mich mit kaltem Herzen und erloschener Hoffnung unter die Lebenslustigen mischen, ich käme mir vor, wie jene todte Braut aus der Legende, die um Mitternacht aus ihrem Grabe steigt und sich mit den Lebendigen freut. Wenn der Hahn aber kräht, zerfällt sie in Staub.

Laura Du bist närrisch.

Marie *sie scheint einen Augenblick mit sich zu kämpfen, dann ergreift sie Laura's Hand und zieht sie in den Vordergrund, als fürchte sie von jemand gehört zu werden.* Ich habe Dir nicht Alles gesagt, Laura. Nie sollte es über meine Lippen kommen, ich hatte es mir gelobt. Aber ich will nicht, daß Du mich für einfältig oder närrisch halten solltest. Höre: Eines Tages – es war am dreizehnten Juni – kam er nach Hause, in bösester Laune – er reizte mich wie nie – und ich – zum ersten Male widersprach ich ihm, ich widersprach ihm heftig, da – da, Laura, schlug er mich! Er schlug mich – und dieser Schlag – ich trage ihn wie ein Brandmal, ein Brandmal der Schande. Seit dem Tage wage ich keinem Menschen mehr frei in's Antlitz zu sehen – seit diesem Tage gehe ich in Trauer – nicht um seinetwillen trage ich dieses schwarze Kleid, ich traure um mich, um mein verlornes Leben. Begreifst Du jetzt, daß ich schaudre, wenn man mit mir von einer zweiten Ehe spricht?

Laura Das war entschieden brutal von Deinem Seligen, ich hätte es dem Major, trotz seines Jähzorns, nicht zugetraut. Aber alle Männer schlagen nicht. Ich glaube kaum ein halbes Prozent unter den gebildeten Ständen. Daß der gerade Dich, Du Lilienherz und Aeolsharfe, zum Weibe bekommen mußte, war ein Mißgeschick. Der hätte mich kriegen sollen. In acht Tagen hätte ich diesen Berliner Blaubart gezähmt. Du hast die Ehe zu einfach genommen, liebes Kind. Die Liebe, siehst Du, das ist lauter Gnade Gottes, die Ehe aber ist eine Kunst, und eine arme Frau mit viel Gefühl und wenig Weltverstand wird kläglich darin scheitern, wenn die Vorsehung ihr nicht ein Prachtexemplar von Mann geschenkt hat. Die geborenen guten Ehemänner blühen wie die Blumen der Aloe nur alle 100 Jahr einmal. in den meisten Fällen sind die guten Ehemänner – Frauenfabrikat.

Marie Du magst Recht haben.

Laura Du mußt nicht glauben, daß es z.B. so leicht ist, mit Deinem Bruder fertig zu werden. Er ist unter Anderem von eine räthselhaften Eifersucht. Denke Dir, letzten Winter reiste er mitten in der Saison von Berlin ab und schleppte mich auf sein Gut; warum? weil ein Herr, und dazu noch ein dicker Herr, mir etwas zu stark den Hof machte. Wenn er wüßte, daß ich schon einmal, ehe ich ihn heirathete, heimlich verlobt gewesen bin… Marie, Du wirst mich niemals verrathen?

Marie Wie kannst Du glauben…

Laura Er würde es mir nie vergeben. Er würde behaupten, eine Frau, die einmal ihr Wort gebrochen… *sich unterbrechend* mein Wort gebrochen, ich bitte Dich, Marie. – Du weißt ja, daß ich meinen Verlobten nur wegen pekuniärer Verhältnisse verließ.

Marie Ich erinnere mich, Du erzähltest mir damals auch, daß er acht Tage nach Deinem Absagebrief sich zur Heilung seines Kummers in den Orient begab.

Laura Ja wohl, und drei Monate später beerbte er einen Onkel. Daß die Menschen doch immer zu früh oder zu spät sterben müssen.

Marie Und Du hast nie wieder von ihm gehört?

Laura Nein. Sehr wahrscheinlich hat ihn entweder der Kummer oder das orientalische Klima hingerafft.

Marie Seinen Namen hast Du mir nie genannt.

Laura Ach, Nichts mehr davon. Und nun bitte ich Dich noch einmal, Marie, heirathe meinen Bruder, Du bekommst eine so nette Schwägerin in mir…

Marie Du bist ja schon meine Schwägerin.

Laura Das hatte ich vergessen.

Marie *ist an's Fenster getreten und wird plötzlich sehr zerstreut.* Du meinst also…

Laura Er ist wirklich ein vortrefflicher junger Mann.

Marie *immer zerstreuter.* Das freut mich sehr.

Laura Du bist ja mit einem Male so zerstreut, was hast Du denn? *tritt zu ihr an's Fenster.* Wer ist denn das? Da spaziert ein schwarzer, junger Herr auf und ab. Ein junger Mann in Deinem Gesichtskreis, Mariechen – ei! ei!

Marie Ein junger Mann? Wo denn? Ich sehe Niemand.

Laura So bist Du blind, oder Du willst ihn nicht sehen. Dort biegt er eben in die Seitenallee ein. – Wie? Du wirst roth? Wer ist es? Heraus mit der Sprache.

Marie Ja richtig, jetzt sehe ich ihn, aber Du beleidigst mich mit Deinen Hintergedanken. Ich kenne diesen Mann nicht.

Laura Du kennst ihn nicht?

Marie Warte einmal – ich erinnere mich, gehört zu haben, daß ein Herr beim Oberförster ein paar Zimmer gemiethet hat. Es soll ein Gemüthskranker sein, der beim Oberförster in Pflege ist.

Laura So – so *sieht zum Fenster hinaus*

Marie *für sich* Warum sage ich das nur – aber der Verdacht, den sie hatte, trieb mir alles Blut in's Gesicht – vor Ärger. Könnte ich nur die Lüge zurücknehmen. *Laut.* Laura, Dein Mann muß im Augenblick hier sein, wollen wir ihm nicht entgegengehen?

Laura Geh' nur immer voraus, ich komme bald nach.

Marie *im Abgehen* Ich bin voll Zorn gegen mich selbst. *Ab*

Laura *am Fenster* Also gemüthskrank ist er? Nicht unmöglich – nur glaube ich nicht daran. Diese Gemüthskrankheit scheint ihr sehr gelegen zu kommen.

6. Scene

Laura. Fanny

Fanny *schnell hereinkommend* Gnädige Frau, gnädige Frau, denken Sie, der melancholische Herr von Oberförsters läßt Sie dringend um eine Unterredung unter vier Augen ersuchen.

Laura *sich umdrehend* Was sagst Du da?

Fanny Ach, ich bitte tausendmal um Entschuldigung, ich dachte, Sie wären gar nicht – Frau von Walther.

Laura *hinauszeigend* Siehst Du den Herrn dort?

Fanny Den schwarzen Mann? ja.

Laura Sage einmal, Fanny, nicht wahr, der Herrn von da drüben ist ein wenig gestört?

FannyIm Gegentheil, ganz ungestört. Wer sollte ihn auch wohl im stillen Haus des Oberförsters stören?

Laura Aber Fanny – ich meine – hier gestört. *auf die Stirn zeigend.*

Fanny Ach so, - nein – ich sage Ihnen, gnädige Frau, ganz hell im Kopf, so vernünftig und klug wie Sie oder ich.

Laura Es ist gut, Du kannst gehen, Du brauchst meiner Schwägerin nichts von der Bitte, des melancholischen Herrn zu sagen, ich möchte nicht, daß man sie ohne Noth belästigt. Führe den Herrn herein, sage ihm meinetwegen, daß Frau von Gersdorf nicht zu sprechen sei, und daß ich ihn an ihrer Statt empfangen würde.

Fanny Wie Sie wünschen. *Ab.*

7. Scene

Laura.

Laura Die Sache wird immer bedenklicher. Eine Unterredung unter vier Augen, Fanny's Verlegenheit, Marien's Erröthen…Das steht fest, dieser Herr, mit oder ohne Spleen, muß entfernt werden, und zwar so schnell als möglich. Wenn ich nur wüßte, wie? Ob ich ihm beiläufig mittheile, daß Marie verlobt ist, oder…ehe ich einen Entschluß fasse, will ich ihn sehen und darnach meinen Plan einrichten. *In den Spiegel blickend.* Aber wie verstaubt bin ich von der Reise. Schnell noch einen Augenblick Toilette. *Ab ins Nebenzimmer.*

8. Scene

Fanny. Dernburg.

Fanny *singt draußen im lustigen Tempo* "Morgenroth, Morgenroth, leuchtest mir zu frühem Tod." *Die letzten Worte singt sie im Zimmer, in dem sie sich umsieht, dann spricht sie nach außen.* Kommen Sie, Herr von Dernburg, sie ist einen Augenblick in's Nebenzimmer gegangen.

Dernburg *hastig und aufgeregt eintretend.* Zum ersten Male bei ihr – in ihrem Zimmer – *Sofa und Stühle berührend.* das sind die Polster, auf denen sie geruht – und da die Blumen, die Bilder, an denen ihre Augen, die süßen haften – und hier die Stickerei, die ihre zarten Finger berührt. *Er küßt die Stickerei.*

Fanny *springt hinzu* Um Gotteswillen, da ist ja noch die Sticknadel darin. Sie stechen sich. *Nimmt die Nadel weg*

Dernburg Und diese Schwägerin, die gerade im kritischsten Augenblick hier erscheinen muß. Ich hasse sie. Und mit ihrem Bruder, sagst Du, will sie des Geldes wegen meinen Engel verheirathen?

Fanny Jawohl, ich habe es deutlich an der Thür gehört – ich ging zufällig vorbei – gehorcht habe ich nicht – und daß er jetzt Rebhühner im Walde schießt und in einer halben Stunde hier sein wird, so etwas sagten sie auch.

Dernburg Familienbande – 's ist doch eine greuliche Bande mitunter. Diese Schwägerin muß entfernt werden, Fannchen, um jeden Preis!

Fanny Umsonst will ich es thun, wenn ich nur wüßte, wie? *Sie hat durch das Schlüsselloch gesehen.* Sie kommt! *Schnell ab.*

9. Scene

Laura. Dernburg.

Laura Mein Herr, Sie wünschten mich zu sprechen… *Max sieht schnell auf, sie fahren beide erschreckt zurück.* Max!

Dernburg Laura!

Laura Du… *sich verbessernd.* Sie hier! Entsetzlich!

Dernburg Dieser Schreck ist hoffentlich nur ein Aufschrei Ihres Gewissens – kein Urtheil über meine Person.

Laura Schon zurück aus dem Orient?

Dernburg *spricht anfangs bitter und spöttisch* Schon? nach fünf Jahren. Der eine Zug hatte den Anschluß verfehlt, sonst wäre ich sogar noch einen Tag früher gekommen. *Pause der Verlegenheit.*

Laura *Schnell und im Conversationstone sprechend, um über das peinliche ihrer Lage hinwegzukommen.* Ich weiß, Sie haben eine interessante Reise gemacht. Haben Sie schönes Wetter gehabt?

Dernburg Ich danke, mitunter 30 Grad im Schatten.

Laura Sie haben gewiß sehr viel Neues und Schönes gesehen. In Aegypten die Memnonssäule und den Nil, in Indien die Sanskritsprache und den Himalaya…

Dernburg Und in China den Thee und in Mekka den Kaffee…

Laura *unwillkürlich vorwurfsvoll* Und das heiße Klima, die Cholera, die Wilden und die Meeresstürme, das haben Sie Alles überwunden?

Dernburg Verzeihen Sie, wenn ich von meinem Recht zu leben, einen so ausgedehnten Gebrauch gemacht habe.

Laura Und in Indien werden da noch immer die Wittwen verbrannt?

Dernburg *voll Bitterkeit und Zorn.* Sie wagen es, meine Gnädigste, an jenen idealen Heroismus indischer Weiber zu erinnern, deren Treue selbst den Tod überwindet, Sie, die das heilige Wort der Treue gebrochen, ohne Gewissensbisse…

Laura Ich versichere Ihnen, es war nicht meine Schuld. Mein Vater, meine Mutter…

Dernburg Ihre Tante, Ihr Cousin – Ich weiß. Sie alle waren dagegen, und ihr Herz…

Laura Lief zur Vernunft über.

Dernburg Seit wann sind Herz und Vernunft Gegensätze?

Laura Wenn die, die wir lieben…

Dernburg *sie unterbrechend.* Kein Geld haben.

Laura O pfui! vergessen Sie, was geschehen; dem Gatten sollen wir Alles opfern…

Dernburg Selbst den Bräutigam.

Laura Jegliche Erinnerung. *Bei Seite:* Wie bringe ich ihn nur fort? *Laut.* Herr von Dernburg, mein Mann ist eifersüchtig, über jede Vorstellung hinaus. Reisen Sie ab.

Dernburg Ich? Nein. *Für sich* Sie soll abreisen.

Laura Ihre Beständigkeit ist sehr schätzenswerth – aber, Herr von Dernburg, daß Sie mir gefolgt sind bis hierher, daß Sie mich quälen mit Ihrer Liebe – das ist sehr, sehr Unrecht. Ich beschwöre Sie, reisen Sie ab.

Dernburg *für sich* Die herzlose Närrin glaubt, daß ich um ihretwillen hier bin.

Laura *dringend.* Sie können sich besinnen? Der Preis Ihrer Abreise ist – meine Hochachtung!

Dernburg *Man sieht ihm an, daß er einen Entschluß faßt; mit völlig verändertem Ton.* Was verlangen Sie von mir? In den wüsten Steppen Africas, am Ufer des Ganges, wo die Lotusblumen blühen, träumte ich nur von Ihnen, und nun, da mein Traum erfüllt ist, da Sie vor mir stehen, sollte ich abreisen? Nein, gnädige Frau, nicht von der Stelle. Ich bin und bleibe Ihr Schatten, denn niemals kann ich die Stunden himmlischen Glücks und höchster Seligkeit, die Sie zu spenden fähig sind, vergessen, niemals. *Er geht auf die Thür zu, riegelt sie zu und bleibt davor stehen.*

Laura Um Gotteswillen, was thun Sie, mein Herr, was erlauben Sie sich? Wollen Sie mich compromittiren?

Dernburg Möglich; aber was liegt daran? Wer fragt nach Rücksichten, wo es sich um die heftigsten und zartesten Gefühle des Herzens handelt? Wenn ich ein Weib liebe, so möchte ich es ausschreien in alle Winde blasen, möchte ich es von den Kirchtürmen, ja ich wünschte, mein Herz wäre eine Glocke, die in alle Welt hineinläutete: Ich liebe – Laura.

Laura Genug, mein Herr. Mein Gatte…

Dernburg Es giebt Duelle.

Laura Haben Sie den Verstand verloren? *Plötzlich erschreckend für sich:* Mein Gott, was fällt mir ein? Sein Wesen, seine unsinnigen Worte – wie sagte Marie? – Gemüthskrank! – So ist's – der Unglückliche! die Liebe zu mir hat ihm den Verstand geraubt.

Dernburg *heftig* Laura, wollen sie mich jetzt hören?

Laura *erschrickt* Gewiß. gewiß, mein Herr. *für sich.* Tiefsinnige bekommen leicht Wuthanfälle, ich muß ihm nachgeben – die Thür ist verriegelt – ich vergehe vor Angst.

Dernburg steht an der Thür, Laura am Fenster; im Laufe des Gesprächs wechseln sie allmählich die Plätze, so daß sie der Thür, er dem Fenster immer näher kommt.

Dernburg Sie hassen mich vielleicht?

Laura *wie um ihn zu beschwichtigen.* Glauben Sie das ja nicht – im Gegentheil.

Dernburg Sie lieben mich?

Laura *mit Überwindung* Ich…ich - liebe Sie.

Dernburg *wischt sich die Stirne ab; für sich* Herr des Himmels! *Laut* Sie lieben mich über alle Maßen?

Laura Ich liebe Sie über alle Maßen.

Dernburg *sehr kalt* Das ist ja ein grenzenloses Glück für mich, die Wonne faß ich kaum! *Für sich* Da sitz ich fest, sie liebt mich noch, hätte ich das ahnen können! aber fort muß sie – um jeden Preis. *Laura hat unterdessen versucht, die Thür aufzuriegeln, es ist ihr aber nicht gelungen.*

Laura *sehr sanft* Mein lieber Max – wollen wir nicht draußen ein wenig promeniren?

Dernburg Ja wohl – später. Arm in Arm, Aug' in Aug' wollen wir in den dunklen Alleen des Buchenwaldes wandeln, liebe Laura.

Laura Ja, Aug' in Aug' wollen wir wandeln, lieber Max.

Dernburg *für sich* entsetzliche Umwandlung! Vergrößern wir die Schrecken. *Laut.* Laura, Sie kennen mich noch nicht, erfahren Sie denn, daß ich keine sentimentale Grasmücke bin, sondern eine dämonische Natur. Diese einsamen, friedlichen Spaziergänge genügen mir nicht. Hören Sie, Nachts, wenn Alles schläft, werde ich unter Ihrem Fenster erscheinen, ich werde ein Lied singen.

Laura Ich werde auch ein Lied singen.

Dernburg Sie werden das Fenster öffnen.

Laura Ich werde das Fenster öffnen.

Dernburg Ich werde eine Leiter anlegen.

Laura Ich werde auch eine Leiter anlegen.

Dernburg *heftig.* Das brauchen Sie ja nicht, Sie sind ja schon oben.

Laura Richtig, ich bin ja schon oben. *Für sich.* Ich sterbe vor Angst! *Beschäftigt sich an der Thür.*

Dernburg *für sich* Empörend – kaum halte ich mich vor Entrüstung, das ist ja eine Corruption, die alle Grenzen übersteigt – ich wünschte, ich wäre hundert Meilen von mir – wie entgehe ich dieser Laura? Versuchen wir doch das Äußerste.

Laura *für sich* Gott sei Dank, der Riegel schiebt sich … *Laut.* Max, wollen wir nicht ein wenig Luft schöpfen – draußen?

Dernburg *faßt ihre Hand und führt die Widerstrebende von der Thür fort.* Noch einen Augenblick, Laura, Sie sollen mich ganz kennen lernen. Einer dämonischen Natur, wie ich es bin, ist auch mit diesem Rendezvous noch nicht Genüge geschehen. Sie müssen mein sein, mir gehören für alle Zeit. Wir müssen fliehen. Fliehen wir, Laura!

Laura Ja, fliehen wir, Max …

Dernburg Weit über das Weltmeer.

Laura Weit über das Weltmeer.

Dernburg Bis nach Australien.

Laura Bis nach Australien.

Dernburg *drohend* Oder ziehen Sie Californien vor?

Laura Fliehen wir nach Californien. *Sie versucht die Thür zu öffnen; sie giebt nach.*

Dernburg *für sich.* Wie entkomme ich dieser schrecklichen Lage? *Blickt zum Fenster hinaus.* Heut' Nacht also, wenn der Vollmond scheint.

Laura Wenn der Vollmond scheint...

Dernburg Werden wir uns am Ausgang des Parkes treffen – unter dem Lindenbaum.

Laura Unter dem Lindenbaum.

Dernburg *ans Fenster tretend* Dort im Park sehe ich rothe Rosen, warten Sie einen Augenblick auf mich, theure Laura, ich werde Ihnen eine rothe Blume holen, Sie sollen sie als Kennzeichen am Busen tragen – Vergessen Sie nicht, wenn die Glocke zwölf schlägt ...

Laura *mit schwacher Stimme* Wenn die Glocke zwölf schlägt.

Dernburg will zum Fenster hinaus springen, in demselben Augenblick hat Laura die Thür geöffnet und stürzt fort.

Laura *im Hinausgehen* Gerettet!
Dernburg kommt vom Fenster zurück.

Dernburg. Fanny.

Dernburg Gott sei Dank, sie ist fort! Welch ein Weib! Welch eine Gesellschaft! Diese Verderbtheit könnte einem im vollen Ernst die Welt und die Menschheit verleiden. Hoffentlich war diese Lektion stark genug, um ihr den Aufenthalt hier unmöglich zu machen.

Fanny *steckt den Kopf durch die Thür* Sie kommt! *ab*

Dernburg Jetzt gilt es, die Geliebte zu gewinnen. An dieser Stunde hängt mein Geschick. Ich spiele den Sonderling, den Melancholiker. Auf dem Wege der Wahlverwandtschaft will ich mich in ihre Gunst stehlen. – Wäre es wahr, was Fanny sagt, daß ihr Herz mir schon gehört? Ich will nicht darauf bauen. *Er nimmt ein Buch, und giebt sich den Anschein, als bemerkte er das Eintreten Mariens nicht.*

11. Scene

Marie. Dernburg.

Marie *nachdem sie Dernburg einen Augenblick stumm betrachtet hat* Sie ließen mich um eine Unterredung bitten mein Herr, ich bin bereit, Sie zu hören.

Dernburg *Er vermeidet während des ersten Theils dieser Scene Marien anzublicken, nur wenn er sicher ist, daß sie es nicht bemerkt, ruhen seine Augen auf ihr. Um Einförmigkeit zu vermeiden, muß er seine Blicke abwechselnd zu Boden senken, aufwärts richten, in's Leere schweifen lassen u.s.w.* Ich habe eine Bitte vorzutragen.

Marie Wollen Sie nicht Platz nehmen?

Dernburg Ich danke Ihnen, ich ziehe vor, zu stehen. Was ich Ihnen zu sagen habe, ist mit drei Worten abgethan.

Marie *für sich* Wie unhöflich – und er sieht nicht einmal auf. *Laut* Sprechen Sie, ich höre.

Dernburg Liegt Ihnen sehr viel daran, gerade hier, auf diesem Gute, Ihr Leben zu beschließen?

Marie Wie, mein Herr? Ich verstehe Sie wohl nicht recht – Sie wünschen...

Dernburg Daß Sie dieses Schloß verlassen. Sie haben das Recht, eine Erklärung dieser ungewöhnlichen Bitte zu fordern. Ich will sie Ihnen nicht vorenthalten. Sie sehen in mir einen unglücklichen, einen sehr unglücklichen Mann. Ein am Glück Schiffbrüchiger floh ich in diese Einsamkeit wie auf eine Oase, nicht um zu gesunden – nein –um zu vergessen. Das Geräusch aber, das laute Treiben, das Sie hier veranlassen ...

Marie Mein Herr, Ihre Worte setzen mich in Erstaunen. Ich werde meinen Landsitz nicht verlassen.

Dernburg Auch um meinetwillen nicht?

Marie Um Ihretwillen am allerwenigsten.

Dernburg Ich war auf eine abschlägige Antwort gefaßt. Vielleicht giebt es ein anderes Auskunftsmittel. Sind Sie reich?

Marie Was kümmert Sie das?

Dernburg Ich bin reich *Für sich* Es kann nichts schaden, wenn sie es weiß. *laut* Ich werde Ihnen Ihr Gut abkaufen. *Zieht eine Brieftasche heraus.* Was kostet es?

Marie Mein Herr, Ihr Benehmen ist beleidigend. *Sie tritt ziemlich nahe an ihn heran, um von ihm angesehen zu werden. Er tritt einige Schritt zurück.* Ich habe bis jetzt nicht daran gedacht, mein Gut zu verkaufen, und ich werde es niemals verkaufen.

Dernburg Nach Ihrem Tode indessen...

Marie Wie – Sie spekuliren auf meinen Tod? *Für sich* Er hält mich für alt, der Thor! *Laut* Es thut mir leid, ich werde mich selbst auf Ihren Wunsch weder von diesem Landsitz, noch aus diesem Leben entfernen. Damit können wir wohl unsere Unterredung als beendet betrachten.

Dernburg Ich sehe wohl, die einfache Offenheit meiner Worte hat Sie verletzt, wie aber sollte der, dem das ganze Leben nichts ist, als ein Kriechen in's Grab, über anmuthige Rede gebieten? Kann eine Leier klingen, wenn die Saiten zerrissen sind? Und eine solche zerrissene Leier ist meine Brust. Sie freilich wissen nichts von jener tiefen Melancholie, von jener höchsten Verzweiflung, die des Menschen Herz zu einem Abgrund macht, der gierig jede Lebenslust verschlingt. Wenn ich recht berichtet bin, so sind Sie ein Weib. Frauen, sie mögen jung und schön, oder alt und häßlich sein...

Marie Bin ich auch alt und häßlich, mein Herr, so begreife ich doch vollkommen jenen unaussprechlichen Lebensüberdruß, an dem Sie leiden – ja noch mehr, ich theile ihn. Auch ich spreche mit dem Dichter: "Mein Inneres schaudert auf! – Was ist der Mensch?"

Dernburg Was ist der Mensch! Ja wohl. Aus Ihren Worten weht mich ein inniges Verständniß wahrer Melancholie an. Sie gehören sicher nicht zu jenen Närrinnen, die sich mit königlichen Purpur des Schmerzes drappiren, weil ein rauher Luftzug sie verletzt hat, die unglücklich sind, weil sie einmal Unglück gehabt haben.

Marie Urtheilen Sie nicht vorschnell, mein Herr, vergessen Sie nicht, daß es zarte Blüthen giebt, die ein einziger Sturm für immer knickt.

Dernburg Warum vergleichen Sie die unsterbliche Menschenseele mit einer schwachen Blüthe, warum nicht mit einem stolzen Baume? Fährt der Sturm durch seine Zweige, so kräftigen sich seine Wurzeln, und ist er vorüber, strebt der Wipfel um so stolzer empor. Selbst eine Aeolsharfe bleibt ohne Windstoß stumm. Sie werden es mir kaum glauben, aber ich habe Frauen gekannt, rothwangige Frauen mit dem besten Appetit, die, weil ein Schlag ...

Marie *auffahrend* Wie?

Dernburg *fortfahrend* Ein Schlag des Schicksals sie getroffen, zeitlebens in langen, schwarzen Schleppgewändern auf Erden umher wandeln – allerdings standen sie ihnen auch gewöhnlich ganz gut; sie trugen schwarze Handschuhe.

Marie zieht wie in Gedanken ihre Handschuhe aus), sie verhüllen ihr Haupt mit Flor, anstatt es mit Rosen zu schmücken.

Marie *Für sich* Wie heiß es ist! *Sie zupft erst an ihrer Florhaube und nimmt sie dann ganz ab. Ihr Haar quillt in reicher Lockenfülle daraus hervor.*

Dernburg Das sind Frauen, die täglich einnehmen – zum Trauern, ein paar Löffel Erinnerungen. Sie fertigen sich selbst sieben Schwerter an, aber von Holz, heften sie an ihr Trauergewand, stellen sich auf ein Piedestal und schreiben darunter: Mater dolorosa. Sie machen ihrem Zimmer eine schwarze Toilette und nennen den chronischen Schnupfen, an dem ihre Seele leidet – Schwermuth. Diese Frauen trauern – auf Applaus.

Marie *Sie hat aus einer Vase eine rothe Rose genommen und befestigt sie in ihrem Haar.* Ihr Urtheil ist hart, mein Herr und trifft gewiß nur wenige Frauen, mich gewiß nicht. *Sie tritt ihm abermals näher, er weicht zurück.* Haben Sie ein böses Gewissen, daß Sie so krampfhaft die Augen in's Leere richten? Fürchten Sie sich vor einer alten häßlichen Frau?

Dernburg Ich sollte mich fürchten? *Er blickt sie an, und läßt eine Erregung wahrnehmen, die er aber sogleich wieder überwindet – gleichgültig.* Sie sind ja gar nicht so alt und häßlich, wie Sie sagen.

Marie O, Sie sind sehr gütig. Sie spotten über das Unglück schwacher Frauen. Sie sind mitleidslos wie alle Männer. Auch Sie würden ein Tyrann sein.

Dernburg *mit Feuer.* Ich? ich? ein Tyrann? Ehe ich die Frau, die ich liebe, mit einem Wort, einem Blick verletzte, ehe sollte mein Mund auf ewig verstummen, meine Augen erblinden. Jede Thräne, die sie um mich weinte, würde wie ein Feuertropfen auf meine Seele fallen. Wenn ich höre, daß ein Mann seine Frau mißhandelt, so kann ich es kaum glauben. Sähe ich es – ich würde ihn tödten.

Marie *ihm freudig erregt die Hand reichend.* Sie sind ein guter, edler Mensch, ich danke Ihnen.

Dernburg *behält Mariens Hand in der seinen.* Möchten Sie doch wieder an die ganze Menschheit glauben. Und je länger ich Sie betrachte, je unnatürlicher erscheint mir Ihre Melancholie. Ihr heiterer Mund, Ihr glänzendes Auge...

Marie *ihm die Hand entziehend* Sie haben meine Hand vergessen. Sie täuschen sich – meine Melancholie ist unheilbar.

Dernburg Wirklich? Mir scheint, als gäbe es nur zwei Quellen, aus denen alle Melancholie entspringt: aus Liebe oder aus Haß. Die Melancholie aus Haß ist das Erbtheil jener engen Herzen und beschränkten Köpfe, von denen ich vorhin sprach, jener Schwächlinge, die, weil sie auf der Jagd nach dem Glück einmal gestürzt sind, den Menschen und den Sternen fluchen. – Ich verletze Sie doch nicht?

Marie O nein – ich bin bewegt – ich danke Ihnen, vielleicht haben Sie Recht. Und jene – jene andere Melancholie aus – Liebe?

Dernburg *mit Pathos* Das ist jener große Trübsinn, der uns ergreift um der Menschheit ganzen Jammers willen.

Marie Und an dieser Melancholie sind Sie erkrankt?

Dernburg *mit tiefer Empfindung* Nein – nicht an dieser Melancholie der Vernunft. Die Melancholie des Herzens, der ich verfallen bin, hat mit der Liebe für das ganze Menschengeschlecht nichts gemein, - im Gegentheil, sie weiß nichts von dem Menschengeschlecht, denn sie kennt auf der ganzen Erde nur ein Wesen. Das ist die Liebe – die hoffnungslose zu einem Weibe. Und an einer solchen Melancholie bin ich krank, denn ich liebe ein Weib, heiß, inbrünstig, hoffnungslos.

Marie *erregt* Seit kurzem erst?

Dernburg Seit zwei Jahren.

Marie *traurig* Das ist sehr lange. Und dieser Trübsinn ist ebenfalls unheilbar.

Dernburg O nein, zuweilen endet ihn – ein Pistolenschuß.

Marie *für sich* Armer junger Mann, wer ihm helfen könnte. *Laut:* Und hoffnungslos, sagen Sie, ist ihre Liebe? Warum hoffnungslos? Sind Sie nicht jung? Haben Sie nicht Herz und Geist? Sollte man Sie wirklich so wenig liebenswerth finden? Oder weilt sie fern von Ihnen, die Sie lieben?

Dernburg Fern? o nein. *Für sich:* Ob ich es wage? *Laut:* Sie weilt hier in diesem Schloß – wenn ich den Arm austrecke – ich könnte sie fast erreichen. *Marie macht eine Bewegung des Erschreckens. Dernburg für sich:* O weh, sie erschrickt. *Laut:* Aber ach, sie ist unerreichbar für mich.

Marie Vermählt?

Dernburg Gleichviel – ich habe nichts zu hoffen. *Er wendet sich ab.*

Marie *für sich* Seit zwei Jahren – und hier im Schloß – sollte Laura – unmöglich. *sehr schnell und laut* Nicht wahr, Herr von Dernburg, meine Schwägerin, Frau von Walther kennen Sie nicht?

Dernburg *mit Bewegung* Ich kenne sie.

Marie Lange?

Dernburg Sehr lange.

Marie Intim? *Sie muß aus Dernburgs Worten seine innere Bewegung heraushören und sie mißverstehen*

Dernburg Sehr intim. *Für sich* Sie weiß von meiner Verlobung. *Laut* Wenn Laura Ihnen gesagt haben sollte…

Marie *tief erregt* Laura?! *Für sich* Sie ist's also.

Dernburg Nicht ich trage die Schuld, gnädige Frau – Laura war es…

Marie *Ihn schnell unterbrechend* Wie – Sie wagen es eine Frau anzuschuldigen! Sind Sie denn ebenso feig wie gewissenlos? *Dernburg will sprechen* Kein Wort weiter. Sie haben gewagt, mir ein Geständniß zu machen, das mich auf's tiefste beleidigt. Entfernen Sie sich auf der Stelle, lassen Sie sich nie wieder vor meinen Augen sehen.

Dernburg Gnädige Frau, ich beschwöre Sie…

Marie *energisch* Entfernen Sie sich!
Dernburg mit einer Geberde schmerzlichen Erstaunens ab.

Marie.

Marie *in großer Erregung* Abscheulich – unerhört – noch faß ich's kaum. *Bleibt plötzlich stehen* Mein Gott – was ist denn abscheulich und unerhört? Wußte ich denn nicht längst, daß eine reine Liebe in dieser Welt des Truges nichts als ein leerer Begriff ist, ein Lichtstrahl, den der Sturmwind widriger Leidenschaften verweht. – Einen Augenblick kam es wie Hoffnung über mich! – Du armes Herz, noch immer hegst Du Illusionen – wann werden sie endlich todt sein – alle todt! *auffahrend* Und ich bebte unter seinen Worten wie eine Schuldige – ich steckte mir diese Blume ins Haar – um ihm zu gefallen that ich es. Fort mit Dir, Du Symbol der Freude, Du rothe Rose. *Sie wirft die Rose zu Boden* Ach – ich werde niemals wieder lieben. – Wie lange das Leben ist! *Sie verbirgt weinend ihr Gesicht in den Händen.*

13. Scene

Laura. Marie.

Laura *noch in der Thür* Ich suche Dich überall.

Marie *aufschreckend* Gut, daß Du kommst. Ich wollte eben Dich aufsuchen

Laura Willst Du etwas von mir?

Marie Ich wollte Dir nur mittheilen, daß ich Deinen Bruder niemals heirathen werde. Mein Entschluß ist unwiderruflich. Ich sterbe als Wittwe.

Laura Woher mit einem Male diese leidenschaftliche Entschiedenheit?

Marie Ich habe mich von Neuem überzeugt, daß die Männer um der niedrigsten Leidenschaft willen Ehre und Pflicht verrathen.

Laura Und wie und wo hast Du Dich denn in solcher Geschwindigkeit von Neuem überzeugt?

Marie *verwirrt* Wie und wo? Ich habe nachgedacht.

Laura Eine volle Viertelstunde? Dein Verstand scheint heute seinen bon jour zu haben.

Marie Eine Minute genügt oft, eine Hoffnung aufzubauen und eine Hoffnung für immer zu zerstören. Und was ich Dir noch sagen wollte – der junge Mann – Du weißt – der beim Oberförster wohnt – ich habe mit ihm gesprochen; wie konntest Du ihn so gewissenlos umstricken! Du kennst ihn wohl schon sehr lange? Laura *für sich* Ob ich ihr vertraue? Nein. lieber nicht. *Laut:* O ja, wir sind gute alte Bekannte.

Marie *mit unterdrückter Bewegung* Und er hat mit Dir von seiner Neigung gesprochen?

Laura Und mit einer Leidenschaft sage ich Dir – empörend.

Marie Ja wohl – empörend ist Deine Koketterie. Du bist verheirathet...

Laura Ein Grund mehr kokett zu sein. Wenn mir andere Leute nicht die Cour machen, merkt mein Mann ja gar nicht, was für eine remarkable Frau ich bin.

Marie Ich aber werde dieses Leichtfertige Spiel nicht dulden. Dein Benehmen...

Laura Meine gute Marie, glaubst Du etwa, Dein Betragen errege keinen Anstoß? auch über Dich raunt man sich in den Salons allerhand zu.

Marie Über mich? Unmöglich.

Laura *ihr in's Ohr flüsternd* Man sagt, wie andere Leute von der Gelbsucht, so wärst Du von der Schwarzsucht befallen. Der Krepp, den Du trägst, sagt man – sei kein legitimer Krepp. Und Du hättest bereits aus Afrika schwarze Köchinnen und Stubenmädchen verschrieben – wegen der Trauer. Und Du tränkest nur schwarzen Kaffee – sagt man – wegen der Trauer – und Du färbtest Dir – sagt man...

Marie *erschreckt* Was?

Laura *sehr laut* Die Augenbrauen – wegen der Trauer.

Marie O über diese Bosheit – es wäre töricht, wollte ich mich darüber ärgern. Geh' doch in Dich, Laura! Ist es nicht abscheulich, Jemandem eine Liebe einflößen zu wollen, die man selber nicht empfindet?

Laura *spöttisch* Immer noch besser als eine Liebe empfinden, die Anderen einzuflößen man nicht im Stande ist.

Marie Du willst mich beleidigen.

Laura Wenn es Dich beleidigt, daß jener schwarze Mann mich liebt.

Marie Ja gewiß, es beleidigt mich. Du bist die Frau meines Bruders.

Laura Deine schwesterliche Liebe nimmt ja mit einem Male gewaltige Dimensionen an.

Marie O Laura – mein ganzes Herz empört sich – das ertrage ich nicht. Ich muß in's Freie, wieder einmal reine Luft athmen. *Will fort.*

Laura *ruft ihr nach* Du – Marie, er ist nicht mehr im Park.

Indem Marie zur Thür hinaus will, tritt ihr Friedrich entgegen.

14. Scene

Friedrich im Jagdanzug. Laura. Marie.

Marie *ihn stürmisch umarmend* O mein Bruder.

Laura *stürzt ihm ebenfalls in die Arme* O mein Friedrich. bist Du endlich da!

Friedrich *sich losmachend* Um Himmels Willen – Vorsicht! Es ist noch ein Schuß in der Flinte. *Er nimmt die Flinte ab und stellt sie in eine Ecke.* So – das steht sie sicher – nicht daran rühren. – Guten Morgen, liebe Kinder. Was bedeutet denn dieser Sturmlauf an mein Herz? Daran bin ich ja gar nicht gewöhnt. *Blickt von Einer zur Anderen.* Nun – was ist das? Düstere Blicke – finsteres Schweigen – was giebt es denn?

Laura Nichts Besonderes. wir haben uns gezankt.

Marie Ach Friedrich, ich bin sehr unglücklich.

Friedrich Das weiß ich schon lange, Schwesterchen, und mein Recept ist immer dasselbe: Heirathe!

Marie Ich will Deinen Spott nicht länger ertragen. *Schnell ab.*

Friedrich *Ihr nachrufend, indem er bei seiner Jagdtasche beschäftigt ist.* Mariechen – hier Rebhühner zum Souper – sie hört mich nicht – fort ist sie.

15. Scene

Friedrich. Laura.

Laura *für sich* Wir müssen abreisen – noch heut. Ich weiß das Mittel ihn fortzubringen.

Friedrich *noch immer mit der Jagdtasche beschäftigt* Nun Lauretta meiner Seele sprich Dich aus. Habt Ihr Euch wirklich darum gezankt, wer von Euch mich zuerst umarmen darf.

Laura Das war eigentlich nicht die nächste Ursache. Deine Schwester ist neidisch auf mich.

Friedrich Darauf, daß Du einen so vortrefflichen Gatten hast.

Laura Geck. Nein – es hat sich wieder einmal einer in mich verliebt und nicht in sie. Das ist es.

Friedrich Das muß ein merkwürdiger Mensch sein.

Laura Du bist wohl gar nicht eifersüchtig, mein Freund?

Friedrich *gähnend* Nein – aber müde. *Für sich, indem er sich eine Cigarre ansteckt* Dieser Verleibte existirt gar nicht, ich möchte darauf schwören. Warum sie mich nur eifersüchtig machen will?

Laura Der Mann, der mir huldigt, ist jung und feurig.

Friedrich I, das ist mir lieb. Da brauche ich ganz und gar nicht eifersüchtig zu sein. Aus jugendlichem Feuer machst Du Dir nichts, sonst hättest Du dich niemals in mich verliebt. Hat Dein Anbeter Geist?

Laura *verlegen* Geist? *seufzend:* Ich glaube, er hat viel Geist – gehabt.

Friedrich *der nur halb hinhört* Soso, er hat also Geist? Das freut mich, so wird seine Neigung zu Dir nicht von langer Dauer sein.

Laura Willst du damit sagen, daß ich einfältig bin?

Friedrich Im Gegentheil, ich meine nur, er müßte denn doch bald merken, daß Du die tugendhafteste Person von der Welt bist.

Laura Sehr schön, mein Freund, vergiß aber nicht, daß es eine Beredtsamkeit der Leidenschaft giebt, die Steine erweichen kann, einen Sirenenton der Liebe, der mit seinem Zauber...

Friedrich Das Herz schwacher Weiber umgarnt. Du aber bist ein starkes Weib.

Laura Natürlich, selbstverständlich, aber Du weißt ja gar nicht, wie nervös ich bin.

Friedrich Du sagst das in einem Ton – beleidigt es Dich etwa, daß ich Dich für tugendhaft halte?

Laura O nein, aber es ist kein gar zu großes Vergnügen, immer nur seine Tugend loben zu hören, man hat denn doch auch andere Eigenschaften... *für sich* Er denkt nicht an's Abreisen, ich vergehe vor Angst. *Laut* Glaube mir, mein Freund, es giebt im Leben der meisten Frauen Augenblicke...

Friedrich Ich habe gar keine Angst, meine kleine Laura – ich bin ein so netter Mensch – und so reich – Du läufst mir nicht davon.

Laura Jetzt wirst Du beleidigend.

Friedrich steht in einer Ecke des Zimmers, so daß er von dem eintretenden Dernburg nicht gleich gesehen werden kann.

16. Scene

Vorige. Dernburg.

Dernburg *schnell eintretend, für sich* Mein Benehmen war unwürdig, ich sage ihr die volle Wahrheit. *Laut, ohne Friedrich zu sehen* Frau von Walther, Verzeihung, wenn ich noch einmal wage…

Laura *heftig erschreckend, leise* Was wollen Sie hier? Entfernen Sie sich auf der Stelle *Sie macht ihm Zeichen und deutet auf ihren Gatten.*

Dernburg *für sich* Ah, - der Bruder – Marien's Bewerber. Er ist vielleicht der Großmuth fähig. *Laut* Mein Herr…

Friedrich Was steht zu Diensten? Mit wem habe ich die Ehre?

Laura *für sich* Gott, mein Gott, wie soll das enden? *Schnell ab.*

Dernburg Mein Herr, ungewöhnliche Lagen rechtfertigen ungewöhnliches Betragen. Gestatten Sie mir, daß ich unsere Bekanntschaft mit einer confidentiellen Mittheilung eröffne. *Friedrich fordert ihn durch eine Geste auf, Platz zu nehmen.* Ich lebe hier auf diesem Dorf um einer Frau willen…

Friedrich *ihn unterbrechend* In die Sie wahnsinnig verliebt sind.

Dernburg Errathen. Es ist dieselbe Frau, die Sie lieben, oder zu lieben glauben.

Friedrich *bei Seite* Der mir von Laura angedrohte Liebhaber – er existirt also. *Laut* Und Sie suchen mich auf, um mir zu sagen, daß Sie Ihre Zudringlichkeit bereuen und sich sofort zurückziehen werden.

Dernburg Keineswegs – um das letztere wollte ich Sie bitten!

Friedrich Bescheidener junger Mann!

Dernburg Mein Herr, ich wende mich an Ihr großmüthiges Herz, das Sie gewiß besitzen, an Ihr Ehrgefühl, das ich Ihnen zutraue. Sie beanspruchen eine Frau, die Sie nicht lieben…

Friedrich Oho!

Dernburg Widersprechen Sie nicht, sie paßt ganz und gar nicht für Sie.

Friedrich *für sich* Was der für einen Blick hat.

Dernburg Sie werden von ihr nicht geliebt.

Friedrich Hat sie Ihnen das anvertraut?

Dernburg So etwas fühlt man. Mein Herr, wenn sie menschlicher Theilnahme fähig sind, so verzichten Sie auf diese Frau.

Friedrich Weiter verlangen Sie nichts?

Dernburg Ich weiß, was Sie an diese Frau fesselt. Ich will Ihnen Vertrauen schenken wie einem Freunde. Eine junge Anverwandte von mir, hübsch, jung und reich, ist mir zur Gattin bestimmt. Tauschen wir…

Friedrich Mein Herr, sind Sie verrückt, oder kommen Sie dírect aus Otahaiti?

Dernburg Das letztere – ungefähr. Warum aber sollte ich verrückt sein, weil ich nur mit dieser einen Frau glücklich werden kann?

Friedrich Mit meiner Frau will er glücklich werden.

Dernburg Ihre Frau!

Friedrich Mit Ihrer Erlaubniß – vorläufig noch meine Frau.

Dernburg Sie sind - mit ihr – verheirathet! entsetzlich. Ich glaube Ihnen nicht.

Friedrich *drohend und ernst* Wenn ich Sie bis jetzt angehört habe, so geschah es, weil ich in Zweifel war, ob Sie ein orgineller Hanswurst sind, oder – ein Schurke.

Dernburg *aufspringend* Zuviel, mein Herr, das habe ich nicht verdient. Wohlan – Sie haben es gewollt. Möge Gott mir verzeihen, wenn Ihr Blut der Kaufpreis wird für Marien's Besitz.

Friedrich *erstaunt* Marie sagen Sie? Von wem sprechen Sie?

Dernburg Von Ihrer Braut, der Frau von Gersdorf.

Friedrich Und mich halten Sie?

Dernburg Sind Sie nicht der Bruder von Frau von Walther?

Friedrich *lacht laut auf* Ein Bruder bin ich allerdings – aber, wenn Sie erlauben, der Bruder der Frau von Gersdorf. Das kommt davon, wenn die regelrechten Vorstellungen unterbleiben. Ich thue Ihnen nachträglich meine Schuldigkeit. *Vorstellend* von Walther.

Dernburg *ebenso* Mein Name ist Dernburg.

Friedrich Verwandt mit den Dernburgs auf Bruckenwalde?

Dernburg Mein Onkel ist augenblicklich Besitzer des Majorats. Ich bin sein Erbe.

Friedrich Eine vortreffliche Familie. Freue mich sehr, Sie kennen zu lernen. *Schüttelt ihm die Hand*

Dernburg Und Sie sind Marien's Bruder, Sie Glücklicher – lassen Sie sich noch einmal die Hand drücken. *Mehrmaliges herzliches Händeschütteln.*

Friedrich Also Sie lieben meine Schwester? Capitaler Einfall. Mein Schwager, der junge Lieutenant, für den Sie mich hielten – übrigens sehr schmeichelhaft für mich – ist ein Sausewind, vor dem ich meine Schwester in Sicherheit bringen möchte. Erwiedert Marie Ihre Neigung?

Dernburg Ich wagte es zu hoffen, seit einer halben Stunde indessen bin ich schwankend, ich fürchte...

Friedrich Ja, diese Weiber und ihre Launen, wer kennt sie jemals aus? – *geht im Zimmer auf und ab.* Was ist da zu machen? – Halt – ich habe einen Einfall – einen Einfall ersten Ranges – Ich liebe schnelle Entscheidungen. Wir wollen sogleich über die Herzensangelegenheiten der melancholischen jungen Dame in's Klare kommen. Spaziren sie einen Augenblick in's Nebenzimmer.

Dernburg Aber Herr von Walther, ich verstehe nicht.

Friedrich Ist auch nicht nöthig. Gehorchen Sie.

Dernburg Aber...

Friedrich Kein aber. *schiebt ihn in's Nebenzimmer und macht die Thür hinter ihm zu.* Empfehle mich Ihnen. Wenn Sie wollen, können Sie horchen.

17. Scene

Walther allein.

Friedrich Nun, wir wollen doch einmal sehen – *er nimmt die Flinte und schießt sie zum Fenster hinaus ab. Der Knall darf nicht stark sein.* So – der Knall wird sie hoffentlich in die Falle locken. *Er legt ein Kissen und eine große Decke aufs Sofa und arrangiert beides dergestalt, daß es aussieht, als läge ein Mensch darunter.* Ein Kissen, eine Decke, - hier noch ein wenig gestopft – da eine Falte. Nun soll mir einer sagen, daß da kein Erschossener darunter liegt. Und jetzt – der Mörder! *Er sträubt sich sein Haar und rollt mit den Augen.* Aha, sie kommen schon. *Laura und Marie stürzen herein.*

18. Scene

Walther. Laura. Marie. Später Dernburg

Laura Was ist geschehen? ein Schuß – um Gottes Willen Friedrich, wie siehst Du aus?

Friedrich Was geschehen ist? – ein Unglück ist geschehen. *Er stellt sich vor das Sofa, als wolle er ihnen den Anblick desselben entziehen.*

Laura Sprich – o sprich *Laura und Marie werfen scheue und entsetzte blicke auf das Sofa.*

Friedrich Der junge Mann – ich gerieth in Streit mit ihm, *zu Marie* um Deinetwillen, Marie, er hatte die Unverschämtheit, mich um Deine Hand zu bitten. – Ich hatte die Flinte ergriffen – um in's Freie zu gehen; in meinem Zorn handhabe ich sie etwas gewaltsam – die Flinte entladet sich – und –

Laura Er ist – ich schaudere – verwundet – todt? *Friedrich macht ein bejahendes Zeichen.*

Marie *die bis dahin in dumpfer Erstarrung gestanden hat.* Todt?! Es kann nicht sein – er soll nicht todt sein – es wäre gräßlich. – bin ich denn jemals unglücklich gewesen? – nein – erst jetzt bin ich es – ich habe mein eigenes Herz nicht verstanden. O Friedrich, wenn er todt ist, will ich nicht mehr leben. *Sie sinkt an dem Sofa nieder, Dernburg, der bereits in der halb geöffneten Thür gestanden hat, tritt zu ihr heran.*

Dernburg Marie!

Marie *prallt zurück, zitternd in freudigster Erregung* Sie sind nicht todt! sie leben – o mein Gott! *Friedrich zeigt Laura, daß niemand unter der Decke ist.*

Dernburg Ich lebe – und doch bin ich schwer verwundet. Seit zwei Jahren trank ich aus Ihren blicken und Ihren Worten süßes Gift und berauschte mich daran, bis ich erkrankte, tödtlich erkrankte. Ihre Blicke, Ihre Worte haben Zauberkraft – heile mich, Marie! – Denn Dir gehöre ich immer – ewig. *Fällt ihr zu Füßen*

Marie Und Sie lieben mich wirklich – wirklich?

Laura *sehr schnell* Herr von Dernburg, auf ein Wort. *Zieht ihn bei Seite* Sie spielen sehr gut, ich verstehe, was Sie für mich thun wollen, aber Sie treiben Ihre Aufopferung zu weit, ich will Ihnen helfen. *Laut* Meine Schwägerin, Herr von Dernburg, kann Ihre Bewerbung, so schmeichelhaft sie ihr auch ist, nicht annehmen. Sie ist im Begriff, sich zu verloben.

Marie *sie unterbrechend* Sie ist verlobt.

Dernburg Mein Gott –

Marie Mit Max von Dernburg...

Dernburg Marie!

Laura *für sich* Der Ärmste, er opfert sich für mich. *Laut und spöttisch* Wer wollte denn zeitlebens Wittwe bleiben?

Marie Wußte ich denn, wie süß es ist, geliebt zu werden! Dem Todten habe ich Alles vergeben, seitdem ich diesen *sich an Dernburg schmiegend* so herzlich liebe. *zu Friedrich* Dein Scherz aber, Friedrich, war grausam. Wir hörten den Schuß –

Friedrich Ich habe nur meine Flinte entladen. Was ich für einen Treffer habe. Ich schieße in's Blaue und treffe in's Schwarze.

Marie *seine Hand drückend* Du lieber trefflicher Schütze.

Dernburg *halblaut zu Laura* Ich liebe Marie seit zwei Jahren. Daß ich Sie jemals geliebt, diesen Irrthum des Herzens hatte ich längst vergessen.

Laura Abscheulich – der Treulose! So sind die Männer!
Vorhang fällt

Vom Stamm der Asra

Personen

(Besetzung am Königlichen Schauspielhause zu Berlin)

Georg Werner, Bankier (Herr Goritz)
  Helene, seine Frau (Frl. Meyer)
  Heinrich Oswald (Herr Ludwig)
  Camilla von Heimburg, eine junge Wittwe (Frl. Kessler)
  Eugen von Mansfeld, ihr Bruder (Herr Liedke)
  Eine Kammerjungfer

Ort der Handlung: Baden-Baden

Decoration: Zimmer in einem Gasthof. Im Hintergrund eine Thür. Auf jeder Seite numerirte Türen. Auf der rechten Seite der Bühne ein breiter, dem Zuschauer sichtbarer Balcon. Zwischen der Thür und dem Balcon ein Schrank. Nahe der Thür zur Linken ein Tisch mit Schreibzeug. Im Hintergrund nach rechts ein Tisch, Sofa, Stühle u.s.w. Auf dem Tisch ist das Frühstück servirt.

1. Auftritt

Werner. Helene am Frühstückstische sitzend.

Werner *am Tisch, rauchend, eine Zeitung in der Hand* Nun, Helenchen, bist Du zufrieden? Hatte ich nicht Recht, als ich Dir von Baden-Baden vorschwärmte? Sieh Dich einmal um: dies Zimmer – dieser Kaffee *schlürft den Kaffee.* – diese Cigarren, und vor allen Dingen *steht auf und sieht durch's Fenster.* diese Landschaft! Selbst einen Geldmenschen. wie ich bin, stürzt sie in die Unkosten einiger Hochgefühle. Komm einmal her, Helene, und sieh durch dies Perspectiv. *Helene thut es.* nun, was sagst Du? Was meinst Du?

Helene *gleichgültig* Recht nett! Ganz hübsch!

Werner Recht nett! Ganz hübsch! So? Und weiter nichts? – Aber, Helene, das ist ja eine Beleuchtung, ein Lichtzauber à la Hildebrandt. Und diese Fontainen! Dieses Quellen und Gurgeln und Rieseln – o über alle Beschreibung! Und dort drüben, die duftige Form mit den feinen träumerischen Linien – Claude-Lorrain, wie er leibt und lebt! *setzt sich.* Und die Kellner! Ein Gemüth haben diese Leute hier! Denke Dir: gestern rede ich so einen brunetten Garçon französisch an, und er antwortet mir – deutsch,ja wohl, deutsch! Seitdem ich diese patriotisirten Kellner entdeckt habe, glaube ich fest, daß die Menschheit auf dem Wege zu Vollkommenheit begriffen ist. *Er bemerkt, daß Helene zerstreut ist.* Aber Du frühstückst ja gar nicht, liebes Kind. Woran denkst Du?

Helene *sich zusammennehmend.* Ich? An nichts. Woran sollte ich auch denken? – Reisen wir bald wieder ab, Georg?

Werner Du äußerst Dich ja recht freundlich über Baden-Baden! Indessen, wenn Du willst, können wir schon morgen unsere Zelte hier abbrechen.

Helene Ach ja, lieber Mann; bitte, bitte!

Werner Helene, sieh mich einmal an! *Da sie sich abwendet, nimmt er ihre Hand.* Du bist traurig, Helene!

Helene Ich traurig? Gott bewahre. Gewiß nicht, lieber Georg. Willst Du nicht noch ein Stückchen Zucker?

Werner Kind, gib Dir keine Mühe, Dich zu verstellen. Du bist traurig, und zwar seit unserer Abreise aus München. Was kannst Du nur haben? Sonst pflegtest Du auf der Reise vergnügt und heiter zu sein – weißt Du noch, damals in der Schweiz, wie wir ganz versessen darauf waren, mit Muth, Gottvertrauen, Führern und Stricken bewaffnet, unser Leben auf den Spitzen verschiedener Eisberge zu balanciren?

Helene Um Gottes willen, Georg, schweig! Erinnere mich nicht an jene unglückselige Schweizer-Reise.

Werner Du hast Recht. Ich bin auch wirklich zu zerstreut! Dir kann diese Erinnerung nicht fataler sein, als sie es mir ist. – Der arme Junge!

Helene Sterben zu müssen, so jung, so gut, so schön.

Werner Ich hatte den treuen frischen Menschen wirklich lieb gewonnen. Auf unseren Berg-wanderungen war er stets an meiner Seite. Du warst auch immer dabei. Ja welcher vernünftige Mensch kommt auch darauf, sich das Leben zu nehmen! Hätte es nicht in den Zeitungen gestanden, ich hätte es nimmermehr geglaubt. Und kein Mensch weiß eigentlich so recht, warum er sich auf diesem ungewöhnlichen Wege der Badegesellschaft empfohlen hat.

Helene O doch, Georg, doch! Niemand zweifelte damals daran, daß eine unglückliche Leidenschaft – o Gott! – ihn in den Tod getrieben.

Werner Unglückliche Leidenschaft – warum nicht gar? Ich sage Dir ja, er war ein ganz vernünftiger Mensch.

Helene Nun, und was beweißt das? Meinst Du, daß Vernunft und Selbstmord sich ausschließen?

Werner Gewiß. Ein Selbstmörder ist ein Narr, der einen Dummkopf tödtet.

Helene Du freilich, Du glaubst nicht an eine große Leidenschaft – Du würdest niemals aus Liebe tödten – Pedant!

Werner Gott bewahre mich davor!

Helene Nicht einmal für Deine eigene Frau!

Werner Wenigstens würde ich es äußerst ungern thun. Ich würde mir sagen: Georg, entweder betrübst Du die Frau, die Du liebst, auf das schmerzlichste durch Deinen Tod, und das wäre eine Gewissenlosigkeit, eine Grausamkeit – oder die Schlange frohlockt über das Ende Deines Lebens und den Anfang ihrer jungen Wittwenschaft; und in diesem Falle, gestehe ich, würde ich nicht die geringste Lust verspüren, das Entrée zu ihrem Amüsement mit meinem Leben zu bezahlen.

Helene Du argumentirst nicht übel; Du vergissest nur das Eine: Wer wahrhaft liebt, der reflectirt, der philosophirt überhaupt nicht.

Werner Der – stirbt. Nicht wahr? – Ich bin nun thöricht genug, mir einzubilden, daß ich Dir lebendig mehr nützen kann als todt. Hinter meinem Comtoirtisch mehr als da unten im Grabe. Habe ich nicht Recht, Helene? Thue ich nicht, obgleich ich lebendig bin, alles Mögliche, um Dich zur glücklichsten kleinen Bankiersfrau Berlins zu machen? *herzlich* Lenchen. liebes Lenchen, sollte mir das wirklich so wenig gelungen sein?

Helene Aber, lieber Georg, wer sagt denn das?

Werner Wirklich, mein Kind, ich begreife gar nicht, wie Du ohne mich leben wolltest, ohne meine Liebe, ohne mein Geld. Ich versichre Dir, wenn Du – was der Himmel verhüten möge – einst Wittwe werden solltest, es würde mich mehr um Deinetwillen als um meinetwillen schmerzen.

Helene Ich weiß es ja längst, daß Du der beste Gatte, der beste Mensch, der beste Bankier bist – ja ganz gewiß.

Werner Dein Beifall ist mein Stolz. Doch Du bist heut etwas gereizt – lassen wir dieses todesahnungsschaurige Gespräch fallen! Wirf lieber einen Blick in dies reizende Thal und athme die reine frische Bergluft, das wird Dir wohlthun.

2. Auftritt

Vorige. Eugen

Während Werner durch die offene Balconthür schaut, erscheint Eugen leise durch die Mittelthür im Hintergrunde, Helenen eine Brief zeigend, den er in der Hand trägt.

Helene *ihn erblickend, erschrocken* O mein Gott!

Eugen *flüsternd* Still! *Er zeigt dringend auf den Brief und bittet sie durch sein Minenspiel, denselben zu nehmen.*

Helene *leise*Unmöglich!

Werner *sich umwendend* Ist Jemand da? *Eugen ist schnell durch die Thür wieder verschwunden.* Sprachst Du mit mir, mein Kind?

Helene *verwirrt.* Ich? – Ja wohl – ich fragte dich – ob Du wohl bemerkt hättest - -

Werner *immer noch in der Balconthür.* Du meinst den Reisewagen, der da unten vor dem Hotel hält? Ja wohl; eine Dame steigt aus – ein allerliebstes graziöses Persönchen *nimmt sein Lorgnon.* Holla! Sehe ich recht? Lenchen, wenn mich nicht Alles täuscht – kein Zweifel, sie ist es. Helene, wenn Du wüßtest! – – Rathe einmal, rathe!

Helene *bemüht sich zu sehen* Aber wer ist es denn? Kenn ich sie?

Werner Das will ich meinen! Eine kleine, pikante, reizende Wittwe – denk an die Pension!

Helene Camilla?

Werner Getroffen! Ich wenigstens halte sie dafür.

Helene Wie ist das möglich? Wie sollte Camilla gerade jetzt nach Baden-Baden kommen? Und allein? Ich muß mich davon überzeugen - - laß mich hinunter.

Werner Bleibe lieber einstweilen hier. Das Gepäck scheint ihr Ungelegenheiten zu machen; ich will ihr meine Dienste anbieten und bei dieser Gelegenheit mir Gewißheit verschaffen, ob sie es wirklich ist.

Helene Warte doch - - bitte laß mich nicht allein! Ich will mitgehen.

Werner Was fällt Dir ein? Fürchtest Du Dich etwa hier bei hellem lichten Tage? Ich könnte mich ja doch wohl getäuscht haben. Warte hier; ich bin im Augenblick wieder da. *Ab.*

3. Auftritt

Helene. Gleich darauf Eugen.

Helene Georg läßt mich allein. Wenn er inzwischen käme - - - mein Gott, da ist er schon.

Eugen *schnell eintretend* Aus Mitleid, gnädige Frau, nur aus Mitleid nehmen Sie diesen Brief.

Helene Nimmermehr. Welches Recht, mein Herr, habe ich Ihnen gegeben - -

Eugen Leider keins! Aber hören Sie mich an – nur einen Augenblick!- Seit fünf Tagen folge ich Ihnen, stumm wie das Grab. Seit einer Woche, gnädige Frau, bete ich Sie an. Ich kam nach München, sah Sie und – liebe Sie. Ist das meine Schuld? Plötzlich reisen Sie ab, heimlich ,des Nachts, ohne Abschied. War das recht, meine Gnädige? Mein Schmerz läßt mir noch so viel Besinnung, ein Eisenbahnbillet zu lösen und mich in ein Coupé zu stürzen, um Ihnen zu folgen.

Helene Diese Verfolgung eben, die Ihnen so viel Vergnügen zu machen scheint, finde ich absurd.

Eugen Sagen wir: unverschämt.

Helene Wohin ich den Blick wenden mag, treffe ich Ihr Auge –

Eugen Ich liebe Sie!

Helene Wenn ich vor einem Hotel absteige, sind Sie es, der den Schlag meines Wagens öffnet - - -

Eugen Ich liebe Sie!

Helene Überall Sie, und immer Sie ! - - -

Eugen Wenn das "Sie" Ihnen lästig fällt, sagen wir "Du"!

Helene Ich frage Sie, ob ein Mann von Ehre ein solches Benehmen mit seinem Gewissen rechtfertigen kann!

Eugen Nicht im mindesten. Sie haben vollkommen Recht: mein Benehmen ist unverantwortlich – nennen Sie es verbrecherisch, wahnsinnig; nennen Sie es wie Sie wollen! Wer aber gibt Ihnen das Recht. Vernunft und Besonnenheit von mir zu verlangen? Fordern Sie Liebe von mir –

Helene Welche Sprache gegenüber einer verheiratheten Frau!

Eugen Verheirathet? Ich glaube nicht an die Ehe; ich glaube nur, daß Sie unaussprechlich reizend sind! *Will ihr die Hand küssen; sie entzieht ihm dieselbe.*

Helene Entfernen Sie sich, mein Herr, auf der Stelle. Sie, ein mir völlig fremder Mann, wagen es –

Eugen Fremd? Völlig fremd? Keineswegs. Ich brauche nur ein Wort zu sagen, und Sie erfahren, daß ich einer Familie angehöre, welche das Glück hat, von Ihnen nicht nur gekannt, sondern ich – leider nur theilweise – geliebt zu werden. Ich werfe mein Incognito ab und –

Helene *die nur halb hingehört hat.* Um Gottes willen, schweigen Sie! Ich höre draußen Geräusch! *Geht nach der Thür.*

Eugen *ihr den Weg tretend* Besorgen Sie nichts, gnädige Frau; ich bin der discreteste Mann unter der Sonne

Helene Gehen Sie, gehen Sie! Ich werde versuche zu vergessen, was Sie gesprochen haben. *Bei Seite.* Ich zittre vor Angst.

Eugen Sie werden diesen Brief lesen!

Helene Ich werde ihn nicht lesen.

Eugen Er ist mit meinem Herzblut geschrieben.

Helene Und wenn er auch mit Tinte geschrieben wäre – gehen Sie!

Eugen Sie wollen ihn nicht lesen? Gut – so verbrennen Sie ihn wenigstens; aber nehmen müssen Sie den Brief.

Helene *voll Angst. (für sich.)* Es ist Camillas Stimme. Wenn mein Mann mich hier träfe; allein mit einem Fremden! *Laut* Entfernen Sie sich so schnell als möglich. Sie sehen meine Angst; ich bitte Sie flehentlich darum! *Eilt ab durch die Thür im Hintergrunde.*

Eugen *will ihr folgen* Nur ein Wort noch, ein einziges Wort!

Eugen.

Eugen *allein. Kehrt nach dem Vordergrunde zurück und zerreiß den Brief.* Und ich behalte meinen Brief! Schade – er war mit einem Feuer geschrieben; keine Lukretiahätte ihm widerstehen können. – Was nun? Ob ich mein Vorhaben aufgebe? – Unmöglich!Erstens liebe ich die kleine Spröde in der That ganz wahnsinnig; und dann, so ohne jeden Erfolg das Feld zu räumen, wäre gegen meine Ehre. Ohne Kampf kein Sieg; kämpfen wir alsound wagen wir das Äußerste! Dort ist ein Balcon. Dieser Gasthofs-Salon steht jedem Fremden zur Benutzung frei. Nehmen wir unsere Position und warten wir ab; vielleicht haben wir spätermehr Glück. *Tritt auf den Balcon, dessen Thür er von außen halb zumacht.*

5. Auftritt

Camilla. Helene. Werner. Eine Kammerjungfer.

Camilla und Helene treten Arm in Arm ein. Werner, mit Gepäckbeladen, folgt ihnen. Eine Kammerjungfer, ebenfalls Gepäcktragend, folgt Werner.

Camilla Ich kann dir nicht sagen, meine liebe theure Helene, wie ich mich freue, dich wiederzusehen, und so unverhofft.

Helene Für mich ist es eine märchenhafte Überraschung. *sich umschauend, für sich:* Ich athme auf; er ist fort.

Camilla *zurKammerjungfer, auf eine Thür zur Linken zeigend.* Trage das Gepäck nach Nr. 6, das ist mein Zimmer. *Kammerjungfer ab.*

Werner *einen Kasten von Mahagoniholz haltend.* Und was soll mit diesem wuchtigen Kasten geschehen?

Camilla *lächelnd.* An dem habe ich keinen Theil; mein liebenswürdiger Bruder hat ihn mir aufgebürdet – soviel ich weiß, ist es ein Pistolenkasten. Sie haben wohl die Güte, ihn einstweilen auf den Tisch zu stellen. – Mein Bruder und ich, wir haben uns hier in Baden-Baden ein Rendez-vous gegeben. Ich komme aus Rom, er aus Paris oder irgend einer anderen Weltstadt Europa's. Unter uns gesagt, mein guter Bruder Eugen ist ein wenig mauvais sujet. Er hat so etwas von Don Juan oder Manfred oder sonst einem fashionablen Ungeheuer in sich, ist aber übrigens ein ganz charmanter junger Mann. Soll ich Dir etwas verrathen, Helene? Er schwärmt für Dich.

Helene Ohne mich jemals gesehen zu haben?

Camilla Nach dem, was ich ihm von Dir erzählte. Er behauptet, Du müßtest reizend sein. Sind Sie eifersüchtig, Herr Werner?

Werner Ein Othello bin ich gerade nicht; indessen möchte ich doch nicht für meinen Gleichmuth stehen, wenn Jemand sich erdreisten sollte, Helenchen ernstlich die Cour zu machen. Allein daran ist wohl nicht zu denken; bis jetzt hat noch Niemand es gewagt, auch nur mit einem Blicke, geschweige denn –

Helene *leise zu Werner.* Sei nicht böse. Du weißt, ich habe keine Geheimnisse vor Dir; aber sie *auf Camilla deutend.* will mir etwas anvertrauen. Du verstehst?

Werner *leise* Ich verstehe *laut* Verehrteste Freundin, Sie entschuldigen mich wohl, wenn ich Sie verlasse. ich habe noch einige Einkäufe für meine kleine Tyrannin zu besorgen.

Helene Willst Du schon fort, lieber Georg?

Werner Ich muß. Adieu, mein Kind; auf Wiedersehen, gnädige Frau. Ich lasse Sie beide mit gutem Gewissen allein; spricht sie, die Schlange, schlecht von mir, dann ist es pure Verleumdung. Es ist eine Schwäche von mir, aber ich liebe diese kleine Person weit über ihr Verdienst. *Ab*

6. Auftritt

Helene. Camilla.

Helene Meine einzig, liebste Camilla, wie lange, wie unendlich lange haben wir uns nicht gesehen!

Camilla Nicht ein einziges Mal seit der Pension. Was liegt alles zwischen damals und heut!

Helene Was haben wir seitdem erlebt, gefühlt, gelitten!

Camilla Wir haben uns inzwischen beide verheirathet, Du in Berlin, ich in Wien.

Helene Und bist Du glücklich gewesen, Camilla? Ich habe eine Photographie Deines Mannes gesehen. Was für ein schöner, glänzender Cavalier!

Camilla Sehr glänzend in der That! Darum bedurfte er auch stets eines leichten Firnisses von Skandal, um seine Reputation zu conserviren. So glänzend war er, daß er schließlich um einer Tänzerin willen, aus der er sich nichts machte, die aber gerade in der Mode war, sich im Duell erschießen ließ. Übrigens haben wir niemals ein unfreundliches Wort mit einander gewechselt – wir liebten uns nicht.

Helene Arme Camilla! Und Du, so lebenslustig, so voll sprudelnder Heiterkeit, wie hast Du Dein Schicksal ertragen?

Camilla Ungefähr so, wie die meisten Frauen in meiner Lage es getragen haben würden. Im ersten Jahr grämte ich mich still weg, ohne alle Hintergedanken. Ich war eine lebendige Elegie: thränenden Auges wandelte ich umher; was ich sprach, waren – Seufzer, was ich dachte – Jammer. Im zweiten Jahre fing ich an nachzudenken. Ich hielt Monologe; ich sagte mir: Camilla, Du könntest so glücklich sein! Warum bist Du es nicht? Warum mußt Du wie Tantalus, im Überfluß darben? Warum darfst Du nicht glücklich sein? Warum nicht? – Ich sah zwei Wege vor mir. Der eine führte zu einem stillen Landsitz, einer Art Kloster, in einer schönen Gegend, wo ich, ein Bild erhabener Tugend, einsam mit meinem Schmerz und meinem Pianino, auf die Freuden des Jenseits hoffend, meine Erdentage gottselig hätte beschließen können. Fast hätte ich diesen Weg eingeschlagen; aber ich fürchtete – vor Langeweile zu sterben. Womit sollte ich die Pausen zwischen dem Diner und dem Clavierspiel ausfüllen? In allen Romanen, die ich gelesen, mochten sie auf der Höhe oder in der Tiefe spielen, pflegten die Frauen, die sich der Einsamkeit ergaben, ihre Musestunden mit – Reue auszufüllen. Nun frage ich Dich: woher sollte ich, ein auf Hymens Altar schuldlos geopfertes Lamm, die Reue nehmen?

Helene Aber sagt man nicht, liebe Camilla, daß im Bewußtsein strenger Pflichterfüllung ein ächtes und reines Glück zu finden sei? Sagt man nicht –

Camilla Was sagt man nicht Alles! – Ich habe keinen Ehrgeiz, und ich will Dir offen gestehen, daß der zweite Weg, den ich vor mir sah, mir verlockender erschien. Nachdenken erzeugte bei mir die Erkenntniß, daß es einfach die Pflicht eines jeden Menschen sei, sich seinen Antheil an den Genüssen des menschlichen Lebens zu verschaffen – *schalkhaft* wie sich von selbst versteht, ohne der ehrenwerthen Dame Moral zu nahe zu treten.

Helene Ich hätte nie geglaubt, daß Du so leichtfertig denken könntest.

Camilla Meinst Du? – Ich kann Dir sagen, Helene: Nichts richtet den Menschen mehr zu Grunde als Unglück. Wer nicht geliebt wird, ist nur der Schatten eines Menschen, überall einsam. Und darum fühle ich mich von einer maßlosen Sehnsucht nach Glück und Liebe erfaßt. Da, im entscheidenden Augenblick –

Helene Besannst Du Dich zur guten Stunde eines Besseren – nicht wahr, meine Freundin?

Camilla Da – starb mein Gatte, und ich war frei.

Helene Und willst es bleiben? Verzeihe der Freundin diese Frage.

Camilla Dir kann ich es vertrauen, Helene. Denke Dir, ich habe einen wahren Backfisch-streich begangen: ich habe mich verliebt.

Helene In wen?

Camilla In einen jungen Kaufherrn, einen gebornen Hamburger, den ich im vorigen Jahr auf Helgoland kennen gelernt.

Helene Und erwiedert er Deine Neigung?

Camilla Natürlich! Oder vielmehr umgekehrt: ich erwiedre sie seinige. Er ist sehr reich; ich habe mich aber vorläufig noch nicht entscheiden können, ihn zu heirathen.

Helene Und warum nicht?

Camilla Weil er mich – zu sehr liebt.

Helene Das ist gar nicht möglich.

Camilla Doch Kind! Seine Seele steht immer in Brand.

Helene Ach, Du Glückliche! Ein solcher Mann war immer der Traum meiner Jugend. Ich sage Dir, Camilla, es giebt phlegmatische Männer, die –

Camilla Aber Kind, Du steckst ja voll netter Vorurtheile! glaube mir, jede Liebe hat ihre Illusionen, und jede Illusion hat ihren Lendemain. Selbst der feurigste Vulkan beruhigt sich, der Sturm tobt aus – und dann?

Helene Mag sein. Und doch – gliche mein Georg Deinem Verliebten –

Camilla Warum nicht gar! Ein Bankier und ein Vulkan! Danke dem Himmel, daß er Dir einen soliden, dauerhaften Mann geschenkt hat, der Dich ohne alle Frage von Herzen liebt.

Helene Er ist ein guter, ein wahrhaft guter Mensch; aber Camilla, er ist ein Alltagsmensch, und die Seele will doch auch einmal ihren Sonntag haben. Ich kann das Gefühl nicht los werden, als erwarte mein Herz noch immer –

Camilla Irgend wen?

Helene Wenigstens irgend was. Ich empfinde an seiner Seite nie so recht mein ganzes volles Leben. Sieh, z.B. gestern: entzückt stehe ich in der herrlichen Morgenlandschaft neben ihm. Unter Seelenschauern leuchtet mir die ganze Natur wie ein Rosenfeuer auf. Übermannt von Glückseligkeit ergreife ich seine Hand und flüstere: "Georg!"

Camilla Und er?

Helene Er? Fragt: "Lenchen, soll ich – Dir den Kaffee bestellen?"

Camilla "Lenchen?" Allerdings. Hätte er Dich wenigstens "Helena" genannt.

Helene Ein ander Mal – es war im Mondenschein; ein elektrischer Glanz legt sich um Busch und Baum, und süße, heilige Düfte entströmten den Kelchen der Blumen. Ich stehe, an seine Schulter gelehnt, wortlos, von dem leidenschaftlichen Zauber der Mondnacht ganz umstrickt. Und er, Camilla –

Camilla Steckt sich doch nicht etwa eine Cigarre an?

Helene Nein, viel schlimmer als das: er – gähnt fürchterlich. Was ist ihm die Majestät des Sternenhimmels, was das geheimnißvolle Weben der Sommernacht? Er gähnt!

Camilla In der That, liebes Kind, ich bin erstaunt über Deine schwärmerische Überschwenglichkeit. Sei vernünftig; nimm Deinen Mann wie er ist, und erwiedre seine Liebe – man wird nicht alle Tage geliebt! Wenn das übrigens Deine einzige Sorge ist –

Helene Es ist nicht die einzige. Ach Camilla, weit einigen Tagen bin ich in einer verzweiflungsvollen Lage, und – was das Schlimmste ist – ich muß meine Stimmung vor meinem Manne sorgfältig verbergen.

Camilla Und warum?

Helene Es handelt sich um ein Abenteuer.

Camilla Was? Ein Abenteuer? Und davon hast Du mir noch kein Wort gesagt?

Helene Ein junger Mann hat sich in mich verliebt. Er ist uns von München aus bis hierher gefolgt. Denke Dir nur: noch vor wenigen Minuten stand er hier in diesem Zimmer und wollte mich zwingen, einen Brief von ihm anzunehmen.

Camilla *lachend* Ha, ha, ha! Und das erzählst Du mir mit so komischem Ernst? Was ist denn daran so Erschreckliches? Weißt du, ich finde nichts amüsanter als so ein kleines Abenteuer. – Ist er hübsch?

Helene Sehr. Er hat große blaue Augen.

Camilla Nun, so wirst Du Dich um so besser amüsiren.

Helene Amüsiren? Camilla, wenn ich bemerke, daß Jemand ein außergewöhnliches Interesse an mir nimmt, dann gerathe ich in eine unbeschreibliche Angst, und ich versichere Dir –

Camilla Aber Helene, wir können doch nicht gleich um Hilfe schreien, wenn sich einer in uns verliebt!

Helene *ihr die Hand drückend, bewegt* Sprich nicht so, Camilla. Vernimm denn und wisse: ich habe den Tod eines Menschen auf dem Gewissen.

Camilla Ist das wahr? Den Tod eines Menschen? Erkläre Dich!

Helene *um sich blickend, nach einer kleinen Pause.* wir sind allein, ich will Dir Alles sagen. Es ist jetzt zwei Jahre her. Wir hielten uns in Interlaken auf, als ein junger Mann dort erschien, den Niemand kannte. Er wurde Fritz Heinrich genannt; allein Jedermann wußte, daß dies nicht sein richtiger Name war. Man hatte allerlei Vermuthungen über ihn und den Zweck seines Aufenthalts; Manche glaubten, daß eine geheime politische Mission ihn in die Schweiz geführt habe. Werner schloß sich dem jungen Mann auf das freundlichste, ja mit einer gewissen Herzlichkeit an. Du erräthst –

Camilla Ich errathe. Herr Incognito verliebte sich sterblich in Dich. Und Dein Mann?

Helene Merkte Nichts.

Camilla Der brave Mann!

Helene Fritz gestand mir seine Liebe. O könnte ich Dir seine Worte wiederholen! Er sprach so innig, so leidenschaftlich- ich höre noch den Ton seiner Stimme – ach! Ich brauche Dir nicht zu sagen, daß ich ihn streng in seine Schranken zurückwies.

Camilla Natürlich!

Helene *immer bewegter* Eines Tages kam er zu mir, aufgeregter, leidenschaftlicher denn je. Sein Antlitz was bleich, die Augen in Thränen gebadet; er bat, er beschwor mich um ein Wort des Mitleids, ein kleines Wort der Hoffnung. Camilla, mir blutete das Herz; aber keine Miene verrieth, was in mir vorging. Voll Verzweiflung verwünschte er sein Leben, ersehnte er sich den Tod. Endlich ging er – und –

Camilla Du riefst ihn nicht zurück?

Helene Ich rief ihn nicht zurück – er kam von selbst. An der Thür wandte er sich noch einmal um; seine Stimme klang wie die eines Sterbenden, als die Worte sprach, jene Worte, die sich unauslöschlich in meine Seele gebrannt haben, die ich noch auf meinem Sterbebett hören werde.

Camilla Welche Worte?

Helene Helene"Ich bin vom Stamme jener Asra, welche sterben, wenn sie lieben!" Er ging. Ich sah ihn nie wieder – ich werde ihn niemals wiedersehen. Am folgenden Tage stand im Journal von Interlaken ein Wort, das mich wahnsinnig machte – es hieß! Selbstmord.

Camilla Der Unglückliche hatte sich das Leben genommen?

Helene Ja, ein Brief, den er seinem Diener zurückgelassen, bestätigte, daß sein Entschluß ein vorbedachter gewesen. Man stellte die sorgfältigsten Nachforschung in der ganzen Umgebung an. Endlich fand man am Rande eines Abgrundes –

Camilla Seine Leiche?

Helene Seinen Hut

Camilla O mein Gott! Das ist ein trauriges Abenteuer!

Helene Um meinetwillen gab er sich den Tod. Ach, Camilla, was soll eine Frau thun, die so geliebt wird?

Camilla Im Allgemeinen soll sie wieder lieben. Aber freilich, es giebt Ausnahmefälle, wie der Deinige, wo die Moral - - Höre, das ist wirklich eine entsetzliche Geschichte. dieser Fritz hätte Dich ernstlich compromittiren können; er hat mit einem unverzeihlichen Leichtsinn gehandelt.

Helene Leichtsinnig nennst Du, was mir erhaben erscheint? Er hat mir sein Leben geopfert; glaube mir, an ihm ist ein großes Herz zu Grunde gegangen.

Camilla Um Gottes willen, hör' auf, Helene! am Ende bereust Du noch Dein strenges Betragen!

Helene Der Unglückselige! Hätte ich ahnen können - -

Camilla Du hättest doch nicht –

Helene Gewiß nicht, Camilla; Du kennst ja meine Grundsätze. Aber im Grunde ist doch Alles leichter zu ertragen, als die Schuld am Tode eines Menschen.

Camilla Nun, Deine Grausamkeit läßt sich nun einmal nicht rückgängig machen. Darum klage nicht mehr um die Todten, sondern denk' an Deinen Gatten.

Helene Ach, die Gatten! Die bringen sich niemals um!

Camilla Das fehlte auch noch!

Helene Immer sehe ich ihn vor mir, den Todesschweiß auf der blassen Stirn! Es ist genug an einem Opfer, nicht zum zweiten Male würde ich den Muth haben, einen Menschen um meinetwillen dem Verderben geweiht zu sehen.

Camilla Um auf Deinen Münchener Unbekannten zurückzukommen, der wird doch nicht etwa auch mit Mordgedanken, Schießgewehr und Abgründen umgehen?

Helene Der Himmel verhüte es! Ich habe ihn mit einer würde abgewiesen, mit einer Strenge, daß ihm nichts übrig bleibt. als auf der Stelle abzureisen..

Camilla Ihr seid doch Beide, Du und Dein Gatte vortreffliche Menschen. Und jetzt, mein liebes Helenchen nimmst Du es mir wohl nicht über, wenn ich mich auf kurze Zeit zurückziehe. Meine Toilette bedarf einiger Retouchen, und mein Bruder kann jeden Augenblick eintreffen.

Helene Wie? Um Deinen Bruder zu empfangen, willst Du Dich putzen?

Camilla Möglich, daß er nicht allein kommt. Ich habe zwar einem gewissen Jemand streng untersagt, mich hier aufzusuchen; allein, gehorchen denn die Männer und immer, wie sie sollten? Also, Helenchen, auf wiedersehen! *ab in ihr Zimmer.*

Helene Ich will einmal nachsehen, vielleicht ist Georg schon zurück.

Wie sie sich nach der Balconthür wendet, tritt Eugen, der während des Vorigen schon mehrmals zur Thür hereingesehen und durch sein Mienenspiel zu verstehen gegeben, daß er Alles gehört hat, ihr entgegen, mit wirrem Haar, nachlässigem Anzug und allen Zeichen äußerster Erregung.

7. Auftritt

Helene. Eugen.

Helene *ihn erblickend* Schon wieder er! also noch hier? Ich bin allein – geschwind! *Sie will fort.*

Eugen Eugen *mit dem Ausdruck wahrer Leidenschaft.* Einen Augenblick! – gnädige Frau, ich befand mich bereits auf dem Wege nach Amerika. Schon wurde die Entfernung, die uns trennte, größer und immer größer –

Helene Das hatte ich von Ihnen erwartet, mein Herr.

Eugen Fliehen wollte ich diesen Ort, obgleich eine geliebte Schwester mich hier erwartet.

Helene Was sagen sie?

Eugen Ja, ich bin der Bruder Ihrer Freundin, Camilla's Bruder.

Helene *erschreckt* Eugen von Mansfeld? Erlauben Sie, ich will Camilla sogleich benachrichtigen.

Eugen *sie zurückhaltend* Es ist unnütz. Nicht um meiner Schwester willen bin ich zurückgekehrt: ich bin gekommen, um Sie, gnädige Frau, noch einmal, zum letzten Mal zu sehen. *Helene macht eine abwehrende Bewegung.* Gut! Fahren Sie fort! Treiben Sie mich durch Ihre Kälte zur Verzweiflung. Keine Klage soll über meine Lippen kommen, aber mein Entschluß ist gefaßt.

Helene Ich verstehe Sie nicht – ich wage nicht – aber, Herr von Mansfeld, muß ich Sie denn wieder und immer wieder daran erinnern, daß ich verheirathet bin?

Eugen Warum sind – Sie verheirathet?

Helene *Ängstlich* Mein Gatte –

Eugen Was hindert mich, Ihren Gatten umzubringen? Er wäre der erste Gatte nicht, der seine Anmaßung mit dem Leben bezahlt hätte.

Helene Welche Anmaßung? Daß er mich liebt –

Eugen Was für ein Recht hat er, Sie zu lieben? Wie kommt er dazu, der Philister, der im Stande ist zu gähnen, wo unser Seelen, Helene erglühen würden! *Helene zuckt zusammen.* *Zärtlich* Ach Helene, wir könnten so glücklich sein! Unsere Herzen haben für tausend Empfindungen Raum!

Helene Ich sollte treulos meine Pflicht verrathen? Nimmermehr!

Eugen Ich sollte feig dem heißen Trieb in meiner Brust entsagen? Nimmermehr!

Helene Ich verachte eine Liebe, die der Ehre baar ist.

Eugen Ich verachte eine ehrbare Herzlosigkeit.

Helene Verlassen Sie mich, Herr von Mansfeld! Schon die Vorstellung eines solchen Unrechts macht mich schaudern. Beendigen wir diesen Streit.

Eugen Wie jeden Streit unter Liebenden *Will sie umarmen.*

Helene *ihn abwehrend* Herr von Mansfeld!

Eugen Gut! So weihe ich mich dem Untergang! Schon sehe ich den Abgrund, in welchen meine Leidenschaft mich hinabstürzt –

Helene Abgrund? Unglückseliger!

Eugen Mein Leben, Helene, gehört Dir; und du willst nicht, daß ich lebe!

Helene *entrüstet* Sie nennen mich "Du", mein Herr?

Eugen Kann ich denn anders? Lieben wir uns nicht, Helene?

Helene Schonen Sie meiner, Herr von Mansfeld! Ich bitte sie inständigst im Namen Ihrer Schwester, die Ihnen so zärtlich zugethan ist.

Eugen Und ich beschwöre Sie im Namen dieser selben Schwester – Helene, Deine Liebe oder den Tod! *Sinkt ihr zu Füßen*

Helene *für sich* Wehe mir! Ich bin von Selbstmördern umringt! Eine zweite Medusa, entziehe ich dem Leben, wer mich erblickt. Und die arme Camilla! O mein Gott, sie hat nur diesen einzigen Bruder! *Wie sie sich umsieht, gewahrt sie Eugen, der inzwischen aufgestanden und an den Tisch getreten ist, auf dem der Pistolenkasten steht. Er ist beschäftigt den letzteren zu öffnen.* Was thun Sie da?

Eugen *der eine Pistole herausgenommen hat* Ich erwarte Ihren Richterspruch; das Henkeramt besorge ich selber.

Helene *halblaut* Ich fühle mich einer Ohnmacht nahe.

Eugen *im Tone der Verzweiflung* Sie wollen also, daß ich sterbe?

Helene Wahnsinniger!

Eugen So habe denn das Schicksal seinen Lauf! Wehe Ihnen, wenn Sie wagen, es aufzuhalten!

Helene Eugen! Eugen!

Eugen Sie ruft meinen Namen!

Helene *zu ihm schwankend* Nein, nein! Niemals – nimmermehr darf das Äußerste geschehen! Wohlan denn, sprechen Sie! Was wollen, was fordern Sie von mir?

Eugen *sich ihr schnell nähernd* Was ich fordere? Geliebte Helene, nichts, gar nichts, als nur einmal mit Ihnen ungestört reden zu dürfen. Wollen Sie?

Helene Mein Gatte muß jeden Augenblick zurückkehren.

Eugen Gut. Also später – um vier Uhr, in diesem Zimmer. Ich werde Ihren Gatten zu entfernen wissen.

Helene Und dann?

Eugen Und dann – ich verlange so wenig, fast nichts. Wahre Liebe ist so bescheiden, Sie wissen gar nicht, wie bescheiden.

Helene Und um diesen Preis liefern Sie mir Ihre Waffen aus?

Eugen Sofort.

Helene Schnell, geben Sie her! *Eugen will ihr den Kasten überreichen, sie weicht ängstlich zurück.* Nein, ich mag diese Mordinstrumente nicht anrühren. Verschließen sie den Kasten und stellen Sie ihn dort in jenen Schrank.

Eugen Wie Sie befehlen. *Er stellt den Kasten in den im Hintergrund befindlichen Schrank und tritt zurück. Helene eilt zu dem Schrank und verschließt denselben* Was thun Sie?

Helene Ich verschließe den Schrank und verwahre den Schlüssel. *Steckt den Schlüssel in ihren Gürtel.* So – nun bin ich ruhiger.

Eugen Und Sie werden Ihr Versprechen halten?

Helene Ich werde halten, was ich versprochen habe. Aber jetzt verlassen Sie mich. Schnell! *Eilt ab in ihr Zimmer.*

Eugen Um vier Uhr! *Die Thür schließt sich hinter ihr.* Da wären wir unserem Ziel um einen Riesenschritt näher gekommen. *Sein Haar ordnend, pathetisch citirend* "Ich bin von Stamme jener Asra", oder: "Deine Liebe oder den Tod!" – Freilich, besonders edel ist das Mittel nicht; indessen in der Liebe wie im Kriege gilt jede List, und ich liebe diese reizende Frau, wie ich noch Keine je geliebt – wenigstens so viel ich mich erinnere.

8. Auftritt

Eugen. Oswald.

Oswald *eintretend* Verwünschte Eisenbahn! Daß sie gerade heute wieder den Anschluß verfehlen mußte. Dadurch habe ich einen halben Tag verloren.

Eugen *ihn erblickend* Wie? Sehe ich recht? Heinrich Oswald! Du selber, unser Hamburger Verliebter! Bestens willkommen, lieber Freund!

Oswald *ihn umarmend* Und Du, Eugen, bereits vor mir angelangt? Bist Du schon lange hier?

Eugen Seit wenigen Stunden. Auch meine Schwester ist vor Kurzem angekommen.

Oswald Und ich Unglücksvogel war nicht da, um sie zu empfangen! Es ist zum Verzweifeln!

Eugen Warum denn?

Oswald Zum Verzweifeln, sag' ich Dir! Ich habe die günstige Gelegenheit versäumt, ihr meine grenzenlose Ergebenheit zu beweisen.

Eugen Unsinn. Sie weiß, daß Du sie anbetest.

Oswald Was hilft mir das, wenn sie meine Anbetung nicht erwiedert?

Eugen Du verlangst aber auch gar zu viel. Sie fürchtet Deine Veränderlichkeit.

Oswald Ich, und veränderlich? Wie wenig kennt sie mich! Ich versichere Dir, Freund, wenn ich einmal eine Frau liebe, so liebe ich sie für's Leben. Deine Schwester ist das einzige Weib, das ich jemals wahrhaft geliebt habe.

Eugen *kalt* Was geht das mich an? Übrigens, so weit ich die Weiber verstehe, mein Wort darauf: Camilla wird Deine Frau.

Oswald Dürfte ich Dir glauben!

Eugen Du darfst es. Sollte sie übrigens mit ihrer Einwilligung allzu lange zögern, so will ich Dir ein Mittel sagen –

Oswald Welches? Sprich!

Eugen Ein Mittel, das soeben erst frisch von mir entdeckt worden ist.

Oswald Geschwind, her damit!

Eugen Du erfährst es aber nur unter einer Bedingung.

Oswald Ich acceptire jede.

Eugen Du mußt mir eine Gegendienst leisten.

Oswald Brauchst Du Geld?

Eugen Nein.

Oswald Sonst, zwischen Schwägern – genire Dich nicht.

Eugen Jetzt nicht, vielleicht später einmal. Im Augenblick ist es nicht eine leere Börse, sondern ein überflüssiger Ehemann, der mich genirt.

Oswald Ein Ehemann?

Eugen Ja wohl. Derselbe muß fortgeschafft werden – nur auf ganz kurze Zeit; und dabei rechne ich auf Dich.

Oswald Auf mich? Und jetzt? Freund, ich muß Dir sagen, ich halte auf Moral. Und außerdem, ich habe ja Deine Schwester noch nicht einmal gesehen.

Eugen Die ist bei der Toilette und könnte Dich jetzt doch nicht empfangen. Auch beanspruche ich Deine Dienste nicht im Augenblick, sondern erst um vier Uhr.

Oswald Und wohin soll ich den Unglücklichen führen.

Eugen Wohin Du willst: auf die Promenade, ins Bad, in den Spielsaal.

Oswald Aber, Mensch, dieser Ehemann, den ich nicht einmal kenne –
Eugen Was thut das? Alle Ehemänner gleichen sich. Da kommt er übrigens schon selber.

9. Auftritt

Vorige. Werner.

Werner *mit verschiedenen Paketen* Helene wird sich hoffentlich freuen über die reizenden Sächelchen, die ich für sie eingekauft habe. *Er grüßt Eugen, darauf nähert er sich Oswald und prallt zurück.* Alle guten Geister loben Gott den Herrn! Spukt es hier am hellen Tage? *Schnell auf Oswald zueilend* Mein Herr, haben Sie vielleicht einen Bruder, der Ihnen zum Verwechseln ähnlich sieht und auf den Namen Fritz hört?

Oswald *Werner herzlich entgegentretend* Dieser Fritz bin ich selbst, mein liebster bester Herr Werner.

Eugen *zu Oswald. halblaut* Kennst Du ihn?

Oswald *ebenso*Versteht sich

Werner Sie sind es wirklich, der Todte, der Begrabene!

Oswald Der Wiederauferstandene.

Eugen Was soll das heißen?

Werner *zu Oswald* Den Brief, den Sie zurückließen – Ihr spurloses Verschwinden –

Oswald Schweigen wir davon, Herr Werner! Erinnern Sie mich nicht mehr an jene romantische Thorheit.

Werner Also ist es wirklich wahr? Sie leben, Sie athmen, Sie sind sogar dicker geworden. Ich finde nicht Worte, um meine Freude auszudrücken. Lassen Sie sich umarmen, mein lieber, theurer junger Freund. Alle Teufel. Ein Todter, der lebendig ist!

Oswald Erlauben sie, Herr Werner, daß ich Ihnen meinen besten Freund vorstelle –

Werner Ah, der junge Herr, der uns auf der Reise einige Ritterdienste erwiesen hat. Sehr erfreut! Die Freunde unserer Freunde sind auch die unsrigen.

Eugen Das ist ja reizend, daß die Herren alte Bekannte sind. *Leise zu Oswald*Vergiß nicht, ihn zu rechter Zeit bei Seite zu bringen! *Laut* Adieu, Heinrich. Ich werde Dein Interesse wahr nehmen, vergiß Du das meinige nicht. Ihr Diener, Herr Werner. *ab*

Oswald. Werner.

Werner Ich kann mich von meinem Staunen noch gar nicht erholen. Wissen Sie auch, daß Ihr Diener damals vierzehn Tage lang einen Trauerflor um den Hut getragen hat? Es ist ein wahres Wunder; ich möchte es in alle Welt hinausposaunen.

Oswald *lebhaft* Um Gotteswillen nicht! Ich bitte Sie im Gegentheil, Herr Werner, das tiefste Schweigen über meinen unterbrochenen Selbstmord zu beachten, vor Allem hier in Baden-Baden.

Werner Warum? Ein Selbstmord aus Liebe –

Oswald Sie würden mich unglücklich machen und eine Heirath, die mir am Herzen liegt, unmöglich machen.

Werner Wieso?

Oswald Darf ich auf Ihre Discretion rechnen?

Werner Felsenfest.

Oswald Erfahren Sie denn, daß ich, als wir in Interlaken miteinander verkehrten, von einer so außerordentlichen Sensibilität heimgesucht wurde, daß ich kaum eine Frau sehen konnte, ohne mich in sie zu verlieben; besonders aber hatte Eine es mir angetan –

Werner Ja, ja, ich erinnere mich: die schöne blonde Engländerin.

Oswald Bewahre!

Werner Doch nicht die schöne Frau des Badearztes?

Oswald Auch diese nicht.

Werner Nun, welche war es dann?

Oswald Der Name tut nichts zur Sache.

Werner Halt, jetzt geht mir ein Licht auf. Richtig! Die kleine brünette polnische Gräfin – o, sie war reizend.

Oswald Rathen Sie nicht weiter! Genug, meine Göttin behandelte mich mit unbeugsamer Grausamkeit, und in einem Paroxysmus von Leidenschaft faßte ich den verzweifelten Entschluß, mit einem Schlag meiner Qual ein Ende zu machen und mich in einen jener Abgründe zu stürzen, an denen die Schweiz nur allzu reich ist. In dieser Vorstellung lag für mich eine wilde Poesie, eine schauerliche Erhabenheit –

Werner Totale Gehirnfinsterniß!

Oswald Mag sein. – Ich schrieb an meinen Diener den bewußten Brief, in welchem ich den ausdrücklichen Wunsch aussprach, daß man der Ursache meines Todes nicht nachforschen möge. Darauf machte ich auf den Weg zu dem von mir erwählten Abgrund. Ich gestehe, daß mein heißes Blut bereits unterwegs sich einigermaßen abzukühlen begann.

Werner Aha! Der Anfang der Krisis!

Oswald Denken Sie sich einen Menschen, der stundenlang bis zum Knie durch Eis und Schnee watet, um den der Wind in allen Tonarten heult und pfeift. Mich fror fürchterlich. Dennoch schleppte ich mich weiter bis zum Rande des Abgrunds. Ich blickte hinab, ich maß mit den Augen die grauenvolle Tiefe. Ein unnennbarer Jammer erfaßte mich. Indessen ich überwand die Anwandlung von Schwäche, nahm einen energischen Anlauf, schloß die Augen und –

Werner *gespannt* Sie sprangen?

Oswald Nein. Ich horchte auf; denn über die Berge drang ein wüster Lärm an mein Ohr.

Werner Es war eine Lawine?

Oswald Gott bewahre! Carl Lindstädt war es, einer meiner besten Freunde, auch ein Gast in Interlaken, der mit einer großen Gesellschaft auf der Gemsenjagd begriffen war. Sie hätten die lustigen rothen Gesichter der frischen Burschen sehen, ihr helles Lachen und Jodeln hören sollen – es war eine Unmöglichkeit, dabei irgendeinen Seufzer, geschweige den letzten, auszuhauchen. "Komm mit! Komm mit! Schließ Dich an!" erschallte es von allen Seiten. "So werde ich des Mittags sterben, statt des Morgens" – sagte ich zu mir selbst und fort ging's in wilder Jagd über Felsen und Glätscher, ich der wildesten Einer, immer voran. An einem Abgrund verlor ich meinen Hut, an einem andern mein Tuch – was weiß ich? Mit einem Wort, als wir uns nach erlegter Gemse wieder zusammenfanden, war ich halb todt – vor Müdigkeit und Hunger.

Werner Nicht vor Verzweiflung?

Oswald Nein, der Hunger hatte sie getödtet. Das Schwierigste für mich war nun, nicht zum Leben, sondern nach Interlaken zurückzukehren. Der ganze internationale Witz des Ortes wäre auf mich losgelassen worden, und jeder Dummkopf hätte sich bemüht, auf meine Kosten geistreich zu sein. Sagen Sie selbst, wie hätte ich mich der Frau, für die ich gestorben war, lebendig präsentiren können?

Werner *lachend* Ein unvergleichlicher Effect! Ich sehe die Scene lebhaft vor mir.

Oswald Endlich faßte ich einen Entschluß: ich nahm ein Eisenbahnbillet nach Hamburg und zur Sühne meiner Sünden begrub ich mich dort – in dem Geschäfte meines Vaters, der mich zu seinem Compagnon machte. Vom Morgen bis zum Abend in angestrengtester Arbeit –

Werner Konnten Sie nunmehr keinen Augenblick Zeit gewinnen, an Selbstmord zu denken.

Oswald So ist es. Ich habe mein Vermögen verdoppelt – das ist immerhin eine kleine Zerstreuung, die auf praktische Gedanken bringt –

Werner Zum Beispiel auf Heirathsgedanken – ich verstehe! und jetzt beabsichtigen Sie, Ihr verdoppeltes Vermögen der Dame, die Sie damals so leidenschaftlich geliebt, zu Füßen zu legen?

Oswald Durchaus nicht. Zu den Füßen einer anderen Dame will ich es legen.

Werner *lächelnd* Wie? Und die Liebe, die Sie für unauslöschlich hielten?

Oswald Sie ist es auch. Diese Liebe besteht fort und fort, glühender und leidenschaftlicher denn je; sie hat nur den Gegenstand gewechselt.

Werner Allen Respect vor Ihrer Liebe. Das ist ja der reine Phönix, der immer von Neuem aus der eigenen Asche geboren wird.

Oswald Sie haben Recht. Diesmal ist es eine reizende bezaubernde Wittwe, die mein Herz erobert hat. Leider kann sie sich immer noch nicht zu mir entscheiden. Sie zweifelt an meiner Beständigkeit –was sagen Sie dazu?

Werner Ja, die Frauen haben oft sonderbare Capricen.

Oswald Sie wohnt hier, in demselben Gasthof, in welchem Sie logieren. Denken Sie, wenn Sie von jenem unglücklichen Abenteuer in Interlaken sprechen hörte.

Werner Seien Sie unbesorgt; ich werde Sie nicht verrathen, Im Gegentheil, wenn meine Vermittlung Ihnen vielleicht nützlich sein kann –

Oswald Sie sind die Güte und Großmuth selber. Sein Sie überzeugt, Herr Werner, daß ich mein unsinniges Benehmen von damals aufrichtig bereue. Ach, wenn Sie wüßten –

Werner Was soll ich wissen?

Oswald Nichts! *Die Thür zur Linken öffnet sich.* Dort naht die Angebetete meines Herzens; ihr Bruder ist bei ihr.

Werner Camilla?

Oswald Sie kennen sie?

Werner Wie sollte ich nicht? Sie ist die intimste Freundin meiner Frau.
Oswald *entsetzt, leise* Seiner Frau? Ich bin verloren.

11. Auftritt

Vorige. Camilla. Eugen.

Camilla Was sehe ich? Herr Oswald, Sie hier? Und gegen mein Verbot?

Oswald Verzeihung, gnädige Frau, daß ich Ihr grausames Verbot übertrat; allein ich konnte nicht anders – meine Sehnsucht, meine Liebe –

Camilla Sie lieben mich also noch immer, und ebenso leidenschaftlich wie früher?

Oswald Noch mehr, mit jedem Tage mehr, und als Ihr Verlobter –

Camilla Was sagen Sie? Mein Verlobter! Wer hat uns denn verlobt?

Oswald Mein Glück und Ihre Schönheit.

Camilla Das sind unzuverlässige Bürgen. Ehe ich nicht von Ihrer Beständigkeit überzeugt bin, kann ich mich zu nichts entscheiden.

Oswald *freudig* Ich glaube Ihnen nicht, Camilla. Sie tragen ein blaues Kleid, und Sie wissen, Blau ist meine Lieblingsfarbe.

Camilla Blau? Ja, wahrhaftig, das Kleid ist blau; das bemerke ich erst jetzt. Es ist ein altes Kleid; ich wollte es auf der Reise auftragen, weil ich Blau nicht ausstehen kann.

Oswald Camilla, ich habe hier einen Freund gefunden, einen wahrhaften Freund, der mich genau kennt; er kann Ihnen sagen ob ich beständig bin.

Camilla Sie scheinen viele Freunde zu haben; mein Bruder hier hat Sie seit einer halben Stunde in Einem fort gelobt, daß es nicht mehr auszuhalten war.

Eugen *leise zu Oswald.* Ich habe mein Versprechen gehalten; vergiß Du das Deinige nicht.

Camilla Was sagt Eugen da?

Oswald Nichts. Er hat Ihnen nicht halb gesagt, warum meine ganze Seele durchbebt. Ich befinde mich in einer Lage –

Werner *hervortretend* Die schwieriger nicht gedacht werden kann.

Camilla *ihn erst jetzt erblickend* Ah, Herr Werner. – Wo ist Ihre Frau?

Werner So viel ich weiß, auf ihrem Zimmer.

Camilla Nun, Herr Oswald, da man Sie doch nicht wieder los zu werden scheint, so möchte ich Sie meiner besten Freundin vorstellen.

Oswald *für sich* Gott steh' mir bei! *zu Werner, leise* Es ist um mich geschehen. Ihr Erstaunen, ihr Entsetzen –

Werner *ebenso* Sie haben Recht.

Camilla *zwischen beide tretend* Nun, so kommen Sie doch; wir wollen Helene in ihrem Zimmer aufsuchen.

Oswald Verzeihen Sie, theuerste Camilla; aber eine wichtige Geschäftsangelegenheit, von der ich soeben mit Herrn Werner gesprochen, und die er die Güte haben will, mit mir zu ordnen –

Eugen *leise zu Oswald* Bravo!

Oswald *fortfahrend* Es ist durchaus nöthig, daß wir uns sofort zu einem Advokaten begeben –

Eugen *wie oben* Gut! Sehr gut!

Oswald *fortfahrend* Der schon früh auszugehen pflegt.

Eugen *leise* Eben schlägt es vier. Du bist ein vortrefflicher Freund, ein capitaler Kerl!

Werner *seinen Hut nehmend.* Ich stehe ganz zu Ihren Diensten.

Eugen *Für sich* Wirklich ein ganz ausgezeichneter Mensch!

Camilla Bei der Gelegenheit könnte ich noch einige Einkäufe besorgen. Bis zum nächsten Laden nehme ich Ihre Begleitung an. Herr Werner, Ihrem Arm! *gehen ab.*

Oswald *Werner theilnehmend nachblickend. für sich* Und dieser brave gurte Werner! Nein, ich werde einen Vorwand finden, ihn bald zurückzuführen. *Laut, Eugen die Hand reichend* Adieu Eugen. *den Andern folgend, ab*

Eugen Adieu, Heinrich.

12. Auftritt

Eugen

Eugen *allein*Endlich sind sie alle fort und ich behaupte das Feld. Jetzt muß sie mich anhören und mir antworten, und zwar ganz ausführlich. Nur vorsichtig! Schneiden wir dem Feinde den Rückzug ab. *auf die Mittelthür deutend* Nur durch diese Thür könnte ein Störenfried kommen; verriegeln wir sie! *Er thut es, und gewahrt Helene, die von rechts eingetreten ist.* Da ist sie!

13. Auftritt

Helene. Eugen.

Helene *ohne den im Hintergrunde befindlichen Eugen zu sehen, für sich.* Eben hat es vier geschlagen; glücklicher Weise ist Georg noch nicht zurück. Wie bang ist mir! Mein Herz klopft! *Geht nacht links, wie sie sich umwendet, gewahrt sie Eugen.* Herr von Mansfeld!

Eugen Sie haben die Güte eines Engels. Wissen Sie, daß Sie mir das Leben gerettet haben?

Helene Sie sagen es; und glauben Sie mir, Herr von Mansfeld, nur deshalb –

Eugen Nur deshalb? Helene! Du liebst mich also nicht? Deine zitternde Stimme, die Thräne in Deinem Auge, sind sie nicht untrügliche Zeichen –

Helene Nein, Herr von Mansfeld. Aber selbst wenn ich Sie liebte, niemals würde ich meine Lippen durch ein solches Geständniß entweihen. Aber Sie, Sie sagen, daß Sie mich lieben –

Eugen Über alle Maßen!

Helene Und über alle Maßen bedrohen Sie mein Glück, meine Existenz, meine Ehre. Herr von Mansfeld, wenn Sie mich nur ein klein wenig lieben –

Eugen *leidenschaftlich, ihre Hand ergreifend* Ja, ich liebe Dich, und nur der Tod kann uns trennen.

Helene Lassen Sie meine Hand los.

Eugen *ihr zu Füßen stürzend* Nein, nie! Denn mir gehörst Du jetzt für Zeit und Ewigkeit. Du wirst, Du mußt mich lieben!

Helene Ist das die Zurückhaltung, Herr von Mansfeld, die Sie mir versprochen haben?

Eugen Zurückhaltung? Wer spricht von Zurückhaltung, wenn ich nur eine Wahl habe: Deine Liebe oder den Tod!

Helene Herr von Mansfeld. zum letzten Mal – *Es wird an die Thür geklopft.* Still!

Werner *von außen* Mach auf, Helenchen, ich bin's!

Helene Es ist mein Mann!

Eugen *sich erhebend, für sich* Alle Teufel! Wie konnte Heinrich ihn so schnell entschlüpfen lassen!

Helene *leise* Gehen Sie! Um Gottes willen, gehen Sie!

Eugen *leise, während von Neuem geklopft wird* Unter der Bedingung, daß ich wiederkommen darf, wenn Ihr Gatte fort ist. Versprechen Sie das?

Helene *außer sich vor Angst* Ja, ja! Gehen Sie nur, so schnell Sie können!

Eugen *während es wiederholt klopft* Aber wohin? Ich glaube, das Zimmer meiner Schwester ist am geeignetsten. *Ab in Camillas Zimmer, wo er sich einschließt*

Helene *an der Thür ihm leise nachrufend* Mag hier geschehen, was da wolle, kommen Sie unter keiner Bedingung heraus – Mein Gott, giebt es eine qualvollere Lage als die meine? *Öffnet die Thür im Hintergrunde*

14. Auftritt

Werner. Helene.

Werner Störe ich Dich, mein Kind? Du warst wohl in Deinem Zimmer und hast deshalb mein Klopfen nicht sogleich gehört?

Helene Ja wohl. Habe ich Dich lange warten lassen?

Werner O das thut ja nichts. – Übrigens, liebes Helenchen, komme ich nicht allein; ich bringe Jemanden mit. *Für sich* Ich muß sehr vorsichtig sein.

Helene Wo ist er denn? Warum läßt Du ihn nicht eintreten?

Werner O es hat gar keine Eile. *Pause* Helene, es giebt Dinge zwischen Himmel und Erde –

Helene Von denen Du Dir nichts träumen läßt, guter Georg. Ich weiß es!

Werner *für sich* Nein auf diese Weise geht es nicht. *Laut* Helene, kürzlich las ich eine Novelle von Karl Heigel, die fängt mit den Worten an: "Und er stieg aus seinem Grabe". Siehst du, mein Gast –

Helene Aber, Georg, Du thust ja, als müßtest Du mich auf ein Gespenst vorbereiten.

Werner Nun, ganz so schlimm ist es nicht. Indessen wappne Dich mit Muth, das Individuum, welches nach Dir verlangt –

Helene Mein Gott, wer ist es denn? So sprich doch nur!

Werner Er kommt, Dir eine Bitte ans Herz zu legen, die Du ihm nicht abschlagen darfst.

Helene Du spannst mich auf die Folter! *leise* Ist denn heute alle Welt gegen mich verschworen?

Werner Wenn Du mir versprechen willst, nicht zu erschrecken –

Helene Mich erschreckt nichts mehr.

Werner Und nicht aufzuschreien –

Helene Mein Gott, wer ist es denn? *Sie erblickt Oswald, der so eben leise eingetreten und ihr ziemlich nahe gekommen ist, und stößt einen lauten Schrei des Schrecken aus. Ah!*
Werner *sie haltend* Habe ich es nicht gesagt?

Vorige. Oswald

Helene *zu sich kommend* Ist es ein Traum?

Oswald Gnädige Frau!

Helene Noch traue ich meinen Augen nicht!

Werner Ja, er ist es wirklich, unser "Fritz", allerdings eigentlich Herr Fritz Heinrich Oswald benamset, er ist es, wie er leibt und lebt, von Fleisch und Blut, keine Spur von einem Geist.

Oswald *für sich* Ein Glück, daß Camilla nicht zugegen ist! *Laut* Verzeihung, gnädige Frau!

Helene *sich immer mehr von ihrer Überraschung erholend* Und Sie leben.?

Oswald *beschämt* Vergebens würde ich zu leugnen wagen.

Helene Sie haben sich nicht getödtet?

Oswald Noch nicht, aber wenn Sie es befehlen –

Helene Unglaublich. Und jener Brief, der von einem Abgrund sprach?

Oswald Wandeln wir nicht unser ganzes Leben hindurch einem Abgrunde zu? Und glauben Sie mir, gnädige Frau, es giebt im Menschenleben Augenblicke, wo man dem Wahnsinn näher ist als sonst, und man nicht nach einem unterlassenen Selbstmord beurtheilt werden darf.

Werner Freue dich doch, liebes Weibchen, daß er noch lebt! Und er lebt nicht nur, sondern wie Du siehst, ist er auch dicker und blühender geworden.

Oswald Ich versichere Ihnen, daß ich mich meines Lebens und meiner Gesundheit von Herzen schäme; aber meine Schuld ist gesühnt, reichlich gesühnt. Habe ich mich auch nicht in jenen Abgrund gestürzt – Tod und Abgrund war mir überall, wo ich Sie nicht sah.

Werner *überrascht* Wen?

Oswald *sich verbessernd* Die Dame, die ich liebte.

Werner Ach so! *zu Helene* Ich werde Dir später die ganze Geschichte ausführlich erzählen. Ich sage dir, sie wird Dich sehr amüsiren; ich wenigstens habe gelacht, bis ich nicht mehr konnte..

Oswald *bittend* Herr Werner!

Werner Sie haben Recht. Wir dürfen den Zweck Ihres Besuches nicht vergessen. *zu Helene* Es handelt sich um nichts weniger, als sein Leben.

Helene Zum wievielten Mal?

Werner Wenigstens um das Glück seines Lebens. hier in Baden-Baden befindet sich gegenwärtig eine Person, die er schwärmerisch liebt –

Helene *entrüstet* Gerechter Gott! Sie wagen es, mein Herr, noch immer an jene Frau zu denken?

Werner Beruhige dich, mein Kind. Es ist Deine Freundin Camilla, die er liebt und durchaus heirathen will.

Helene *bestürzt* Wie? Sie wären der junge Hamburger, von dem sie mir diesen Morgen erzählt hat?

Werner Er ist es.

Helene Der Liebende, an welchem sich nur ein Fehler fand: ein Übermaß von Leidenschaft?

Werner Er ist es, der daran leidet.

Helene Das Herz, das niemals eine Andere geliebt hat?

Werner Es schlägt in seiner Brust.

Helene Abscheulich! O, sie soll Alles erfahren, die ganze volle Wahrheit!

Werner Das ist es ja gerade, liebes Helenchen, was vermieden werden soll.

Oswald Lassen Sie sich durch mein Bitten, durch mein dringendstes Flehen erweichen, gnädige Frau! Zerstören Sie nicht ein Glück, das –

Werner So thu' ihm doch den Gefallen, Lenchen! Er ist mein Freund.

Helene Ich sollte ruhig mit ansehen, wie meine liebste, meine beste Freundin betrogen wird?

Werner Aber er betrügt sie ja nicht; er liebt sie wirklich, und er wird darüber noch den Verstand verlieren.

Helene *bitter* Wie damals das Leben. *zögernd* Und die Andere, die Dame aus Interlaken?

Werner Liebt er längst nicht mehr. Unter uns gesagt, er hat sie überhaupt nie so recht eigentlich geliebt.

Oswald *lebhaft* Das ist nicht wahr, Herr Werner! Im Gegentheil, ich habe Ihnen bekannt, daß mein ganzes Herz ihr gehört. Ich hatte nur einen schwachen Augenblick, in welchem mein Verstand mein Herz besiegte. – allerdings gegen alles poetische Herkommen.

Helene *spöttisch* Freilich, es gehört nicht jeder zum "Stamme jener Asra, welche sterben, wenn sie lieben."

Werner Aber Kind, verliere doch nicht so viele Worte über einen romantischen Unsinn. Herr Oswald hat vollkommen Recht gehabt, sein Lebelang lebendig zu bleiben.

Helene Aber unwürdig, nein nichtswürdig bleibt es doch immer, mit einem Selbstmord zu drohen; das wirst Du nicht leugnen wollen, Georg! Denk an den Kummer, an die Angst, die wir ausgestanden haben!

Werner Wir waren die Thoren, an den Unsinn zu glauben. wenn so ein müßiggängerischer junger Herr mit Selbstmord droht, so ist das immer nur ein Theatercoup, um irgend ein argloses Närrchen ins Garn zu locken.

Helene Ach, argloses Närrchen

Werner Oder Närrin; denn eine närrische Rolle spielt die Frau gewiß, die sich durch eine geschickt in Scene gesetzte Leidenschaft imponiren oder dupiren läßt. Diese Gluthmenschen, die in wilder Beredtsamkeit alle Schranken des Gesetzes und der Sitte niederzureißen trachten – in nüchternem Zustande sind sie meist herzlose oder übersättigte und abgespannte Bonvivants.

Helene *mit Bitterkeit* Ich verstehe. Ihr Herz ist der einzige Abgrund, in welchen sie sich stürzen!

Werner Sieh dich doch einmal in der Welt um, mein Kind; Du wirst bemerken, daß es fast immer verheirathete Frauen sind, denen sie ihr Leben und ihre Liebe zu Füßen legen. Sie wählen sich vorzugsweise gern überspannte jüngere Gattinnen reifer Männer, die sich für unbegriffene Seelen halten und sich unglücklich fühlen, wenn der Herr Gemahl nicht zeitlebends den Courmacher spielen will.

Helene *das Gesicht in den Händen verbergend (für sich)* O mein Gott! *Laut* Was Du sagst, klingt schrecklich. Aber die Auferstehung des Herrn Oswald von den Todten leistet mir einen großen Dienst, einen außerordentlichen Dienst; und zum Dank werde ich das Schweigen, das er von mir fordert, gewissenhaft beobachten.

Oswald Ich kann Ihnen nicht genug danken, meine verehrte gnädige Frau!

Werner Ich sagte Ihnen ja, sie ist die Güte selber.

Helene Aber wo ist Camilla?

Werner Fortgegangen um Einkäufe zu machen.

Helene *die sich gesetzt hat, um zu schreiben* So! Es ist durchaus nothwendig, daß dieses Billet sofort in ihre Hände gelange. *zu Oswald* Fürchten Sie nichts; eines Verrathes werden Sie mich hoffentlich nicht für fähig halten. *zu Werner* Lieber Georg, der Brief hat große Eile; sie muß ihn unbedingt noch vor Tisch erhalten. Du thätest mir einen großen Gefallen, wenn Du Camilla aufsuchtest und ihr den Brief selbst übergäbest.

Werner Sehr gern, liebes Kind; ich habe im Augenblick nichts weiter zu thun.

Oswald *für sich* Was ist das? Will sie ihn von hier entfernen? Sollte es Eugens wegen sein?

Werner Kommen Sie mit, lieber Oswald?

Oswald Leider kann ich nicht; ich habe nothwendig vor Tisch noch einige Briefe zu schreiben. *Für sich* Ich werde über ihr Benehmen wachen und Beide von hier beobachten. *Er grüßt und geht durch die zweite Thür rechts, die er halb geöffnet läßt, und wo er während der folgenden Scene bleibt.*

Werner Auf baldiges Wiedersehen.

Helene *Werner herzlich die Hand drückend* Adieu, lieber Georg.

Werner durch die erste Thür rechts ab. Helene wendet sich, nachdem sie die Thür verschlossen, nach links, zu der Thür, durch welche Eugen abgegangen. Sie klopft an.

16. Auftritt

Helene. Eugen.

Eugen *noch von außen, auf Helenens Klopfen* Herein!

Helene Sie können herauskommen, Herr von Mansfeld. Mein Gatte ist fort; wir sind allein. *Sie setzt sich und nimmt eine Stickerei zur Hand*

Eugen *tritt hastig ein* Die Augenblicke sind mir zu Ewigkeiten geworden. Kaum kann ich mich aufrecht halten.

Helene Bitte, wollen Sie nicht Platz nehmen?

Eugen Ich, mich setzen? Nein, zu Deinen Füßen, Helene ist mein Platz!

Helene Es scheint, daß Sie wieder zu Kräften kommen.

Eugen Nur um von Neuem zu leiden, mehr zu leiden als je!

Helene Das wäre mir herzlich leid; denn wenn sich trotz aller meiner Bemühungen noch immer keine Spuren von Besserung bei Ihnen zeigen sollten, so müßte ich auf alle ferneren Heilungsversuche verzichten. Sie sollten es einmal mit einer Kaltwassercur probiren. Starke Douchen sollen gegen Congestionen nach dem Herzen –

Eugen Was muß ich hören? so spricht Helene, meine Helene. Könne Sie so eiskalt sein, während der Unglücklichste der Menschen zu Ihren Füßen in Verzweiflung vergehen möchte.

Helene Mit Befriedigung constatire ich das erste Zeichen Ihrer Besserung: sie bequemen sich, Gott sei Dank, wieder zu dem unter oberflächlich Bekannten allgemein üblichen "Sie".

Eugen *bei Seite* Ich muß noch einmal von vorn anfangen. Fatale Unterbrechung im kritischen Augenblick. *Laut* Ja, meine Gnädigste; Sie werden sich entschließen müssen, mich noch einmal anzuhören. diese Worte werden die letzten sein, welche über meine Lippen kommen! *Nähert sich ihr* Empfangen Sie diesen Kuß des Todes –

Helene *zurückweichend* Ich danke! Später vielleicht.

Eugen Ha, dieser Balcon *Thut einige Schritte nach dem Balcon*

Helene Eine herrliche Aussicht! Der schöne Blick über den See – nicht wahr?

Eugen Freundlicher See! In deine Tiefe zu tauchen, hinab ins Meer der Ewigkeit – dieser Balcon, von dem ich mich stürzen möchte – *für sich* Sie hält mich nicht zurück? *Laut* Ich verbiete Ihnen mich zurückzuhalten!

Helene Ich denke nicht daran; indessen kann ich Ihnen nicht rathen, an dieser Stelle zu springen. Der See ist gerade vor dem Balcon ungemein flach; Sie riskiren einen Beinbruch.

Eugen Es giebt andere Wege, die zur Ewigkeit führen! *Will durch die Thür*

Helene *ihn zurückrufend* Herr von Mansfeld?

Eugen *freudig* Helene, Sie rufen mich zurück?

Helene Ich möchte Ihnen nur einen Regenschirm anbieten; es fällt etwas naß.

Eugen Wie? zur Lieblosigkeit noch den Spott? Die Strafe soll Ihnen nicht erspart bleiben! Nein, nicht draußen im Freien, hier vor Ihren Augen, will ich mir das Hirn zerschmettern!

Helene Wenn das Ihr aufrichtiger Wunsch ist – *Den Schlüssel aus ihrem Gurt nehmend* Hier nehmen Sie.

Eugen Was ist das?

Helene *aufstehend* Der Schlüssel zu diesem Schrank. *er schwankt* Öffnen Sie diesen Schrank; Sie werden einen Kasten darin finden –

Eugen *bei Seite* Höre ich recht? *laut* Wo?

Helene Er steht dicht vor Ihnen; Sie sehen ihn schon.

Eugen *den Kasten nehmend* Ah, diese Pistolen!

Helene Es sind die Ihrigen.

Eugen *den Kasten öffnend, mit der Miene eines Verzweifelten* Sie wollen also, Helene, Sie befehlen, daß ich aus diesem Leben scheiden soll? Ich soll fort und Sie, die Sie so reizend vor mir stehen, nie mehr sehen? – O Helene!

Helene Ich habe eingesehen, daß Niemand gegen sein Schicksal kämpfen kann.

Eugen Meine Pistole sind nicht geladen, Sie haben es gewußt, Helene!

Helene Ich kann Ihnen vielleicht aushelfen. Mein Mann besitzt mehrere Revolver, vier- und sechsläufige.

Eugen Ich bitte um einen sechsläufigen *Helene will fort, er hält sie zurück* Halt bitte einen Augenblick.

Helene Was wollen sie?

Eugen *in grenzenloser Verwirrung* Ich - ich bitte – um ein Glas Wasser.

Helene Sogleich. Wenn Sie sonst noch etwas wünschen – einem Sterbenden darf man keinen Wunsch versagen.

Eugen Helene, ich will nicht scheiden, ohne an Ihr Gewissen apellirt zu haben. Bedenken Sie, es wird eine Stunde kommen, wo eine zärtliche Schwester Ihnen in die Ohren schreien wird: Wo ist mein Bruder?

Helene Ich werde ihr antworten: In Paris oder in Rom, je nachdem.

Eugen Fürchten Sie nicht die rächenden Geister der Gemordeten? In einsamer Stunde der Nacht wird eine Gestalt vor Ihnen auftauchen, mit klaffender Wunde in der Brust, die Entsetzen durch Ihr Gehirn jagen, die eine Hölle in Ihrem Herzen entzünden müßte?

Helene Werden Sie bengalisch oder elektrisch beleuchtet?

Eugen Das ist zu viel, zu viel! *In höchster Erregung* Nein, meine Gnädigste, um Ihretwillen werde ich mich nicht tödten. Niemals! Sie verdienen es nicht. Sie sind ein Gletscher, an dem selbst die heißeste Liebe schmilzt. Ich werde leben, ja leben und Ihnen zum Trotz alt werden, steinalt!

Helene *laut lachend* Das wünsche ich Ihnen von ganzem Herzen.

Vorige. Camilla.

Camilla *tritt schnell ein, sieht Eugen mit dem Pistol in der Hand, stößt einen Schrei aus und wirft sich in seine Arme.* Mein Bruder, muß ich Dich so wiedersehen? Herzensbruder, lebst Du noch?

Eugen *sich losmachend* Was hast Du denn? Camilla, laß mich!

Camilla Du bist nicht verwundet?

Helene Heil und gesund vom Kopf bis zum Fuß – ich stehe dafür.

Camilla Mein Gott, Helene, wie tödtlich Du mich erschreckt hast! Hier Eugen, lies dieses Billet, welches Herr Werner vor wenigen Minuten mir eingehändigt hat.

Eugen *lesend* "Liebste Camilla, komm eiligst zurück. Das Leben Deines Bruders schwebt in diesem Augenblicke in größter Gefahr." – *zu Helene* So bitter, gnädige Frau, haben Sie mich verspottet?

Helene *lachend* Das nicht. Ich fürchtete nur, Sie könnten in vollem Ernst "zum Stamm der Asra" gehören, "welche sterben, wenn sie lieben" *leise zu Camilla* Es ist eine kleine Lection, die ich ihm gegeben habe; er wollte sich durchaus um meinetwillen umbringen.

Camilla *mit einem halb spöttischen, halb beschämten Blick auf Eugen* Der? *zu Eugen* Du Taugenichts, hast Du solche Leitfertigkeit von Deiner Schwester gelernt?

Vorige. Oswald.

Oswald *im Eintreten* Ein eindringlicher Scherz, das muß ich sagen!

Eugen Wie? Auch Du warst mit im Complot? Das ist eine tödtliche Beleidigung!

Oswald Im Complot? Durchaus nicht; ich war nur ein harmloser Zeuge. *leise zu Eugen* Sei vernünftig und mach' gute Miene zum bösen Spiel.

Eugen *abwechselnd die drei, welche über ihn lachen, anblickend* Das ist unleidlich! Den Fluch der Lächerlichkeit ertrage ich nicht; Ihr zwingt mich, mir schließlich in allem Ernst eine Kugel durch den Kopf zu jagen!

Camilla Eugen, lieber Eugen!

Helene *treuherzig* Herr von Mansfeld, eine Frau hat Ihnen eine, vielleicht etwas harte, aber wohlverdiente Lektion gegeben. Davon stirbt man nicht; im Gegentheil, man bessert sich und wenn man nicht ein ganz rachsüchtiges Gemüth ist, so erwirbt man sich eine sehr gute und herzliche Freundin. *Ihm die Hand reichend* Wollen Sie, lieber Eugen?

Eugen *ihr die Hand küssend* Liebe, verehrte Frau, wer kann Ihnen widerstehen? – Aber Heinrich, der Zeuge war –

Helene O, für dessen Discretion bürge ich.

Oswald Bürgen Sie nicht, gnädige Frau! Ich verpflichte mich durchaus nicht zum Schweigen – es sei denn, man nähme mich als Glied der Familie an.

Camilla Was thut man nicht für so ein mauvais sujet von Bruder!

Oswald Oswald *entzückt, ihr die Hand küssend*
Camilla Ich werde mich in der Ehe rächen für den Zwang, den man mir jetzt anthut.

19. Auftritt

Vorige. Werner.

Werner *erscheint in der Thür* Nun, meine Herrschaften, zu Tisch! zu Tisch!

Helene *zärtlich auf Werner zueilend und ihn umarmend* Mein lieber, lieber Georg! Wie lange bist Du ausgeblieben!

Der Vorhang fällt

Heinrich Heine
aus: Romancero - Historien
Der Asra

Täglich ging die wunderschöne
Sultanstochter auf und nieder
um die Abendzeit am Springbrunn,
Wo die weißen Wasser plätschern.
Täglich stand der junge Sklave

Um die Abendzeit am Springbrunn,
Wo die weißen Wasser plätschern;
Täglich ward er bleich und bleicher.
Eines Abends trat die Fürstin

Auf ihn zu mit raschen Worten:
"Deinen Namen will ich wissen,
Deine Heimat, deine Sippschaft!"
Und der Sklave sprach: "Ich heiße

Mohammed, ich bin aus Jemen.
Und mein Stamm sind jene Asra,
Welche sterben, wenn sie lieben."

www.ingramcontent.com/pod-product-compliance
Lightning Source LLC
LaVergne TN
LVHW050658200726
843506LV00010B/1573